三峡茶业图志

主　编　张嘉强
副主编　刘　翔　胡琳玲　骆世平
参　编　（按姓氏笔画）
　　　　吴立明　张艾琳　罗重生
　　　　周　清　蒋培华　曾咏熠

华中科技大学出版社
http://www.hustp.com
中国·武汉

内 容 简 介

《三峡茶业图志》以科技引领三峡茶产业高质量发展对策研究为主题，通过对三峡库区的20多个区县茶产业发展现状的调查研究，提出了发展对策。本书采用图片为主、文字为辅的形式，客观地介绍了本区域茶叶的主要品种、茶叶生长环境、茶叶加工技术与水平、茶叶商品种类、品牌建设、主要茶叶生产加工企业等有关情况，提供了与本区域茶产业发展现状密切相关的主要数据。本书可作为地方政府制定特色产业发展规划的参考资料，也可作为政府和企业推广扩大茶产业品牌影响力、加大商品市场展示营销力度的工具。本书还具有一定的存史价值。

图书在版编目（CIP）数据

三峡茶业图志/张嘉强主编.— 武汉：华中科技大学出版社，2022.9
ISBN 978-7-5680-8622-6

Ⅰ.①三… Ⅱ.①张… Ⅲ.①三峡—长江流域—茶业—概况—图集 Ⅳ.① F326.12-64

中国版本图书馆 CIP 数据核字 (2022) 第 143364 号

三峡茶业图志
Sanxia Chaye Tuzhi

张嘉强　主编

策划编辑：彭中军	
责任编辑：李曜男	
封面设计：孢　子	
责任监印：朱　玢	
出版发行：华中科技大学出版社（中国·武汉）	电话：（027）81321913
武汉市东湖新技术开发区华工科技园	邮编：430223
录　　排：武汉创易图文工作室	
印　　刷：湖北新华印务有限公司	
开　　本：889 mm×1194 mm　1/16	
印　　张：16	
字　　数：409 千字	
版　　次：2022 年 9 月第 1 版第 1 次印刷	
定　　价：218.00 元	

本书若有印装质量问题，请向出版社营销中心调换
全国免费服务热线：400-6679-118　竭诚为您服务
版权所有　侵权必究

前言

为建设长江三峡工程，中国政府进行了三峡大移民。三峡库区（本书所称三峡、三峡地区指三峡库区）是指因为建设长江三峡工程被淹且有移民任务的地区，共有26个区县（有的材料概述为20个，即19个区县＋重庆市的核心城区）。三峡库区地处四川盆地与长江中下游平原的接合部，跨越鄂中山区峡谷及川东岭谷地带，北屏大巴山，南依川鄂高原。三峡库区包含长江流域因三峡工程建设而被淹的湖北省宜昌市所辖的秭归县、兴山县、夷陵区，恩施州所辖的巴东县；重庆市所辖的巫山县、巫溪县、奉节县、云阳县、开州区、万州区、忠县、涪陵区、丰都县、武隆区、石柱县、长寿区、巴南区、江津区、渝北区及重庆核心城区（包括渝中区、北碚区、沙坪坝区、南岸区、九龙坡区、大渡口区和江北区）。

茶产业是三峡库区努力发展的特色产业。三峡工程建设以来，三峡库区为努力破除产业空心化，大力发展农业特色产业，许多地方都把茶叶加工业作为重点发展的产业进行政策扶持，鼓励其做大做强。经过多年的不懈努力，三峡库区的茶产业取得了长足进步。为了展示三峡库区茶产业发展现状和水平，填补相关资料相对欠缺的空白，重庆市万州区政府相关部门大力支持，将开展"科技引领三峡茶产业高质量发展对策研究"和编辑出版《三峡茶业图志》工作纳入政府相关计划，组建了由区领导张嘉强同志负责的《三峡茶业图志》编辑委员会，并与华中科技大学出版社签订了出版协议。经过多方的共同努力，本书于2022年5月底完成书稿内容，将于8月份正式公开出版发行。

本书的资料征集得到了万州区、奉节县、巫山县、兴山县、忠县、江津区、巴南区、渝北区、北碚区等9个区县的农业农村委员会和乡村振兴局等有关政府部门和企业的大力支持，武汉陆港传媒有限责任公司对本书资料的采集整理、调研的组织实施、书稿的版式设计、与出版社的沟通协调以及编委会的日常工作等给予了帮助，在此一并致以诚挚的谢意。本书在编写过程中还参考了一些政府规划资料，主要数据起始期为国家实施三峡库区经济社会发展规划的2004年，截止期为2021年12月。相关图片均由各相关区县的政府部门和企业拍摄、提供。如有不妥，敬请谅解。不足之处，还望批评指正。

编　者
2022年8月

目 录

A 现状篇　　　1

A-1　万州　　　3
重庆市万州区熊家霆森茶叶加工厂　　　7
重庆聚缘川秀茶叶有限公司　　　16
重庆市拾禾农业开发有限公司　　　22
重庆硕伦农业有限公司　　　26
重庆君之缘农业开发有限公司　　　32
重庆玖凤旅游开发有限公司　　　36
重庆市渝鸟林业有限公司　　　50
重庆市万竹茶业发展有限公司　　　58
重庆涌湖茶叶有限公司　　　67
重庆市万州区江南茶厂　　　73

A-2　奉节　　　86
重庆夔春农业开发有限公司　　　90
奉节县夔州真茗茶叶种植有限公司　　　96
重庆市奉节县九品茶叶有限公司　　　102
重庆市奉节县奉丰农业发展有限公司　　　108
重庆市奉节县巴杨杨生态农业发展有限公司　　　114
重庆市亿柘农业开发有限公司　　　118
奉节县淼懿农业开发有限公司　　　122

A-3　巫山　　　129
重庆市巫山县清露茶叶有限责任公司　　　130
重庆市巫山县祯露茶叶种植有限公司　　　138

A-4　兴山　　　144
湖北昭君生态农业有限公司　　　147

	湖北昭君绿色食品开发有限公司	151
	兴山四月青农业开发有限公司	154
	兴山沃丰生态农业有限公司	160
A-5	忠县	167
	忠县恒谷农业发展有限公司	171
	忠县银升生态农业有限公司	174
A-6	渝北	182
	重庆市渝川茶业有限公司	182
A-7	北碚	190
	重庆西大茶业有限公司	190
A-8	巴南	197
	重庆茶业（集团）有限公司	199
	重庆益丰茶叶有限公司	204
	重庆品茗茶业有限公司	209
A-9	江津	213
	重庆畅途农业开发有限公司	218
	重庆市金顶叶茶业有限责任公司	223
	重庆市欧尔农业开发有限公司	226
	重庆市旺发茶叶有限公司	231

B 对策篇　　　　　　　　　　　　　　　237

B-1 强化科技手段
　　提升种植与加工水平　　　　　　　　　238

B-2 加快品牌建设
　　增强市场影响力和美誉度　　　　　　　240

B-3 加强市场主体建设
　　组建三峡茶业集团　　　　　　　　　　242

B-4 增强创新能力建设
　　组建三峡茶业科技联合会（联盟）　　　244

C 检索篇　　　　　　　　　　　　　　　247

后记　　　　　　　　　　　　　　　　　250

A
现状篇

A-1 万州

万州地处长江中上游接合部,三峡库区腹心地带,属重庆东北部,位于东经107°52′~108°53′,北纬30°24′~31°25′之间。万州被黄金水道长江分为南北两岸,长江过境里程83 km,是长江十大港口城市之一。机场、铁路、高速公路和长江水运四通八达。全区土地面积3457 km²,其中耕地约994 km²,林地约1343 km²。长江自西向东北横贯全境,形成南北高、中间低的地势,地貌以低山、丘陵为主,分别占总面积的57%和43%。区内重点发展茶叶产业规划区涉及太安镇、新乡镇、长岭镇、孙家镇、分水镇、恒河土家族乡、余家镇等21个镇乡,235个村,1630个组,17.43万户,农业人口59.48万人,其中劳力资源42.53万人,有宜茶旱地约302 km²。

万州种茶历史悠久,始于秦汉,兴于唐宋,茶文化源远流长。陆羽《茶经》开篇即语"巴江峡川出好茶",古巴渝地区是中国茶叶的重要原产地之一。据晋代常璩所著《华阳国志·巴国》记载,武王既克殷,以其宗姬封于巴;地盘东至鱼腹,西至棘道,北接汉中,南极黔涪;贡品有丹、漆、茶、蜜、灵龟、巨犀、山鸡、白雉、黄润、鲜粉;贡品中果实之珍者,树有荔芰,蔓有辛,园有芳、香茗。在距今3000年前,巴国境内已经有了人工茶园培植的茶叶,并且以贡品的方式献给周王室。二十世纪七八十年代,万州就是四川出口红碎茶基地和茉莉花茶加工集散地。

良好的自然条件:

(1) 气候条件。本区属亚热带湿润季风区,气候温和,四季分明,雨量丰富。年平均气温为18 ℃,无霜期为267天,年平均日照数为1081小时,年降雨量为1416 mm。400米以下年平均气温为17~19.5 ℃,400~800米年平均气温为14~17.5 ℃。海拔400米以下的低山河谷地带冬暖、春早,较同纬度的长江中下游地带,年平均气温高2 ℃左右,10 ℃以上的积温多600~900 ℃,春季稳定高于10 ℃的日期较武汉、南京早20多天,最冷月较长江中下游高3 ℃左右,具有种植早茶的优势。每年的二月上旬即可开园采摘新茶,较同纬度的浙江、安徽、江苏早20~30天,是重庆市名优早茶生产的最适宜生态区。在海拔500~1000米的中高山,夏无酷暑,气候凉爽,湿度大、云雾多、日照少、无污染,森林覆盖率在30%以上,是最适宜种植生态、有机茶的区域。

(2) 土壤条件。本区土壤主要由水稻土、冲积土、紫色土、黄壤、黄棕壤构成,重点发展茶产业的规划区域内主要为紫色土和黄壤,pH为4.5~6的酸性土地面积约为300 km²,具有较好的团粒结构,透气性好,保水保肥能力强,大部分土壤营养元素含量丰富,无环境污染。

(3) 水利条件。本区境内江河纵横,降雨丰富,境内水源清洁、无污染,符合生态有机茶叶的生长要求。

茶产业现状：

自2010年《万州区茶产业发展规划（2010—2020年）》实施以来，为确保三峡库区一汪碧水，万州区高举"生态优先、绿色发展"大旗，努力建设"产业生态化、生态产业化"先行示范区，把茶产业作为发展山地高效农业的主导产业，以打造"三峡天丛"茶叶区域公用品牌为抓手，壮大基地规模，提升产品质量，拓展销售平台，促进茶旅融合，茶产业得到快速发展。

（1）茶园基地。2021年底，全区茶园面积达到41.3 km^2，年产茶叶2600吨，农业产值3亿元，综合产值8亿元。

茶树栽培品种以"福鼎大白""巴渝特早""名山"系列、"蜀永"系列等优良无性繁育品种为主，面积31.5 km^2，约占茶叶栽培面积的76.13%。保留有特色的以四川中小叶群体种为主的有性繁育优良品种约9.3 km^2。

（2）产业主体。万州区有2个茶产业组织（万州区茶叶协会和万州区茶叶商会）；茶叶生产企业25家，其中市级农业产业化龙头企业4家，区级农业产业化龙头企业8家；茶叶专业合作社17家，涉茶农户610户，工商注册的茶叶家庭农场1家。基本形成了"一个公用品牌"（三峡天丛）、"三大生态茶区"（长江生态屏障茶区、铁锋山生态茶区、七曜山富硒茶区）、"三类优质产品"（针形绿茶、改进型工夫红茶、茉莉花茶）的产业发展格局。

（3）加工条件。现有茶叶加工企业16家，加工厂厂房面积为200～3000 m^2，加工设备以生产线设备为主，按照国家食品药品加工要求实现了清洁化、机械化，部分实现了自动化。年生产加工能力在5000吨（干茶）以上。

（4）技术与品牌。万州茶产业坚持绿色生态发展理念，全面推广绿色防控茶树病虫害、有机肥替代化肥等新技术，创建有机出口标准茶园，让产品深深烙上绿色印记。全区有10 km^{2}茶园获得绿色食品认证，2.7 km^{2}茶园获得有机茶认证。太安凤凰茶乡获得美国NOP、欧盟EU有机产品双认证，并通过了FTUSA美国公平贸易体系认证，每年带动夏秋茶出口1000多吨。

万州茶叶品质优良，多次参加国际、国内茶叶评比并斩获奖项。针形名优绿茶：条索紧直、色泽青翠、栗香高长、汤色清澈明亮、滋味鲜爽回甘，代表产品"万州银针"2014年获得国家地理证明标志产品、"玉毫秀芽"获得2018年中国国际茶叶博览会"金奖"和2021年重庆市第四届斗茶大赛"五星冠军绿茶"。工夫红茶：色泽褐红润泽、条索紧直、毫尖金黄、香高持久、尽显"甜花蜜香"，汤色红亮、滋味鲜醇回甘，代表产品"神峡茗枞"红茶2015年获国家生态原产地保护产品认证、"龙溪工夫"红茶2019年获得重庆市第二届斗茶大赛"五星冠军红茶"。三峡花茶：条索细嫩、色泽绿润、香气鲜灵浓郁、汤色黄绿明亮、滋味浓厚鲜爽，自20世纪80年代以来一直是川渝地区普通百姓最喜爱的"口粮茶"。

"三峡"牌"三峡天丛"是万州区委、区政府全力打造的茶叶区域公用品牌，是重庆市重点打造的"三强茶叶区域品牌"之一。品牌于2018年4月成功获得商标注册，并着手进行"三峡天丛"茶叶区域公共品牌的策划，于2019年5月17—19日在杭州举办的第三届中国国际茶叶博览会上被隆重推出，在社会各界及行业领域引起了广泛关注，万州茶产业进入了一个新的发展时期。为严格管控"三峡天丛"茶叶公共品牌的产品质量，万州区制定了《万州区生态茶叶基地生产管理技术规程》《万州针形名优绿茶加工技术规程》等地方标准和行业规程，出台了《万州区"三峡天丛"茶叶区域公用品牌使用管理办法》，明确了"三峡天丛"茶叶区域公用品牌的授权使用、产品特征、产品包装、市场维护等内容，做到了高标准、严准入，保障了产品品质，维护了品牌形象。同时，为提升"三峡天丛"在茶叶市场的知名度和市场占有率，区农业农村委牵头，组织了"三峡天丛"茶产品参加市内外名优茶评比，打造了"三峡天丛"旗舰店，搭建了电商展示展销平台，举办了"三峡天丛"茶事茶文化活动等，大力提升品牌知名度。

(5) 茶旅融合。万州茶区生态环境优美，是美丽乡村建设和农旅融合发展的首选农业产业，"凤凰茶乡"（AAA景区）2018年就入选了全国茶乡旅游精品线路，成为全国20条夏季茶乡旅游精品线路之一，也是当年重庆市唯一一条茶乡旅游精品线；2021年在第三届中国茶乡旅游发展大会上再次被评为全国"百条红色茶乡旅游精品路线"，年接待游客超过10万人次。同时，万州区孙家镇"古道茶镇"、新乡镇"江上茶园"、燕山乡"燕山红茶庄园"、龙驹镇"龙溪大峡谷茶旅"、柱山乡"九岭茶山休闲民宿"等一大批茶旅融合休闲项目正有序推进，逐步具备接待能力。在"十四五"期间，万州茶产业将成为农业农村乡村振兴的支柱产业。

(6) 存在的问题或者制约因素。一是茶叶种植规模小、品种良种化率低、单产低，鲜茶产量严重供不应求；二是茶叶加工设施陈旧、工艺落后，劳动生产率低；三是茶产业经营模式单一，茶园归企业所有，实行单一的"产加销一体化"经营模式，茶叶产业链条没有充分拓展，茶业比较效益低；四是茶叶品牌多、杂，企业各自为政，没有培育真正体现万州特色的有规模、有效益的知名品牌；五是现有茶叶原料生产基地和宜茶区域基础条件较为落后，交通、道路、灌、排等设施、设备严重不配套，对产业发展极为不利。

截至2021年底，万州区有茶叶生产企业25家。入选本书的10家茶产业主体，属于当地龙头企业或者有一定特色的企业。

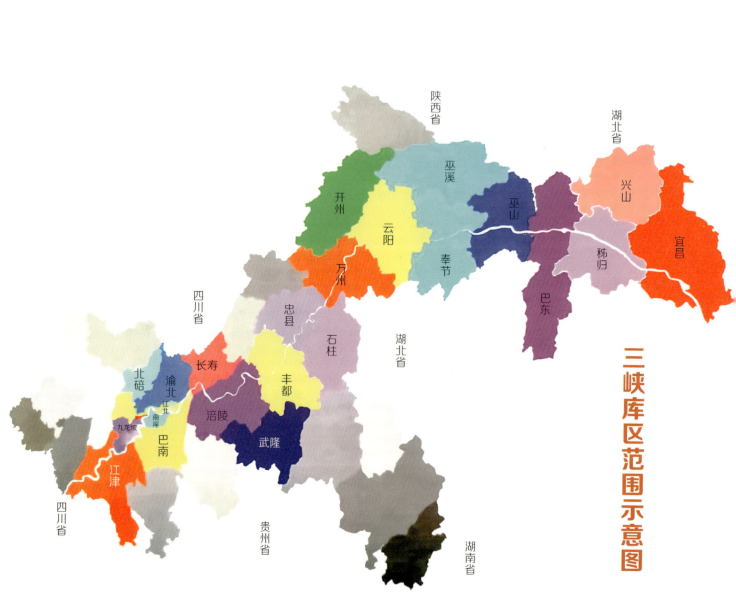

三峡库区范围示意图

重庆市万州区熊家霆森茶叶加工厂

重庆市万州区熊家霆森茶叶加工厂隶属于重庆霆森供应链管理有限公司,位于重庆市万州区熊家镇燕子村2组山水完小。

重庆霆森供应链管理有限公司是一家集茶叶种植、加工、销售、研发、茶艺培训为一体的综合企业,拥有茶叶直营店、茶叶扶贫生产车间(茶叶加工厂)、约0.5 km² 茶叶基地。茶园海拔为800～1200 m。该茶园茶树以巴山峡川中小叶群体种等有性繁育品种为主,年产茶叶5吨。

2022年1月,经重庆海关技术中心检测,茶园出产的茶叶均未检出吡虫啉、三氯杀螨醇、哒螨灵、氯菊酯、氟氰戊菊酯、氟氯氰菊酯等。

加工厂以传统手工制茶为主要特色,制成的手工茶色泽鲜亮,口感清新,味道香浓,经久耐泡,手工红茶更富有兰花香。

▼ 茶叶加工车间

▼ 石公村茶园

▶ 茶叶品种：巴山峡川中小叶群体种

海关检测证书

重庆海关技术中心
CHONGQING CUSTOMS TECHNICAL CENTER

检验/检测报告
TEST REPORT

报告编号：3522000241
第1页/共1页

样品名称：红茶	委托单位：重庆市万州区农业综合行政执法支队
包装/规格：—	客户联络信息（地址或联系方式）：重庆市万州区五桥万川大道183号-7号
数（重）量：0.75kg	被抽查单位：万州区熊家壁春茶叶加工厂
样品状态：固态	商标或标识：—
批号：—	抽样地点：重庆市万州区熊家镇燕子村
抽样者：李工、钱丽	抽样日期：2022-01-12
抽样基数：30kg	

以上信息由委托人提供并确认，我单位不承担证实委托人提供信息的准确性、适当性和（或）完整性责任。
样品的其它信息：
来样日期：2022-01-14   检验日期：2022-01-14—2022-01-25

检验依据：GB 2763-2021《食品安全国家标准 食品中农药最大残留限量》

检验结果：

检测项目	结果数据	限量要求	单位	检测方法	检测结果评价
吡虫啉	未检出(检出限:0.00550mg/kg)	≤0.5	mg/kg	GB/T 20769-2008	合格
三氯杀螨醇	未检出(定量限:0.01mg/kg)	≤0.01	mg/kg	GB 23200.113-2018	合格
哒螨灵	未检出(定量限:0.05mg/kg)	≤5	mg/kg	GB 23200.113-2018	合格
氯菊酯	未检出(定量限:0.05mg/kg)	≤20	mg/kg	GB 23200.113-2018	合格
氟氯戊菊酯	未检出(定量限:0.05mg/kg)	≤20	mg/kg	GB 23200.113-2018	合格
氟氰戊菊酯	未检出(定量限:0.05mg/kg)	≤1	mg/kg	GB 23200.113-2018	合格

结论：该样品经检验，所检项目符合GB 2763-2021《食品安全国家标准 食品中农药最大残留限量》的要求。

备注：样品信息依据"重庆市农产品质量安全监督抽查抽样单，万农抽(2022)2-007"。

        主检

2022年01月26日   2022年01月26日   2022年01月26日

▼ 纯手工技工茶叶

"霆森"牌茶叶为公司注册商标,同时使用"三峡天丛"公共品牌。

茶园地址:熊家镇石公村
联系人:骆世平
联系电话:15736393639

▲ 产品包装实例

重庆聚缘川秀茶叶有限公司

重庆聚缘川秀茶叶有限公司基地位于东经 108°18′5″，北纬 30°27′51″，地处长江之滨，常年云雾缭绕，森林覆盖率为 70%，公司荣获重庆市农业农村委员会指导的重庆市首届斗茶大赛"十佳茶叶企业"称号。

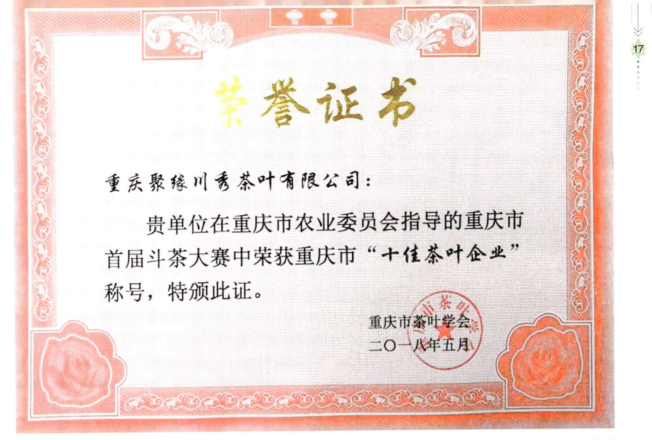

▲ 公司荣誉证书

20世纪70年代有性系繁殖的巴山峡川群体种茶树,集中连片保存完好。

▼ 巴山峡川群体种

公司基地通过了绿色食品认证。

公司开发了三峡红工夫红茶和针形名优绿茶系列,其中"移都"牌毛尖绿茶荣获 2021 年中国茶叶学会评选的"五星绿茶"。

▼ 绿色食品证书

证 书

经中国绿色食品发展中心审核，该产品符合绿色食品A级标准，被认定为绿色食品A级产品，许可使用绿色食品标志，特颁此证。

产 品 名 称：寒山云雾（绿茶）

商 标 名 称：移都

产 品 编 号：LB-44-20063404056A

生 产 商：重庆聚缘川秀茶叶有限公司

企 业 信 息 码：GF500101201416

核 准 产 量：4 吨

许 可 期 限：2020年6月22日至2023年6月21日

颁证机构：

代表签字：

颁证日期：2020年6月22日

中国绿色食品发展中心

茶叶品质评价报告

茶样名称	移都牌毛尖绿茶	茶类	绿茶	茶样生产时间	2021年3月
委托单位	重庆聚缘川秀茶叶有限公司				
联系人	何开龙	电话		18680901263	

报告内容

根据委托，我会于2021年7月28-30日在浙江省杭州市对**重庆聚缘川秀茶叶有限公司**选送的**移都牌毛尖绿茶**进行了评价，现提出如下评价报告。

一、感官评审结果

项目	评语	分数	总分
外形	细紧如针，深绿显毫，匀整	95	
汤色	绿亮	92	
香气	嫩香	93.5	93.13
滋味	清爽带鲜（略生）	92	
叶底	嫩绿鲜亮，较匀整	92	
星级	★★★★★		

二、评价结论

根据《中国茶叶学会茶叶品质评价办法》及国家标准（GB/T23776-2018）茶叶感官审评方法，经专家评价：工艺精湛，品质优异，特色突出，达到五星名茶品质标准。

专家组长签字：

评价单位：中国茶叶学会

重庆市拾禾农业开发有限公司

　　重庆市拾禾农业开发有限公司成立于2012年6月,位于重庆市万州区北滨大道15栋1号,注册资本为人民币500万元。公司现有职工18人,其中农业高级顾问3人、高级茶艺师2人,初级茶艺师3人。经过几年的艰苦创业和跨越式发展,公司已发展成产、供、销一体多元化的商业模式。公司旗下拥有拾禾农业特产直销中心、重庆市万州区俏香你商贸有限公司、重庆市相邻香你电子商务有限公司,主要从事农产品开发和销售,汇聚区内外300多家农业企业、工业企业的1000多个种类的产品,进行线上线下销售管理。

联系人：赵刚
联系电话：023-58657688　15310035599

公司现有茶园约 0.7 km²，位于重庆市万州区长岭镇老土村；有加工厂房 3333 m²。茶园茶树品种主要以巴山峡川中小叶种（"福鼎 9 号""巴渝特早"）为主。公司拥有标准化、清洁化绿茶加工线 1 条，年加工绿茶、红茶 10 多吨；拥有茶叶保鲜库 1 座，可保鲜储藏茶叶 50 吨。

"三峡玉芽"茶叶为公司注册商标,同时使用"三峡天丛"公共品牌。

"三峡玉芽"茶叶条索紧直、色泽青翠、栗香高长、汤色清澈明亮、滋味醇爽回甘,连续6年获得重庆市茶叶学会、重庆市茶叶商会"三峡杯"名优茶评比银奖。"三峡玉芽""三峡龙须""三峡毛峰"产品行销全国各地,深得广大消费者喜欢。

重庆硕伦农业有限公司

重庆硕伦农业有限公司现有茶叶基地约 0.3 km^2，坐落于山清水秀的重庆市万州区柱山乡葵花村 1 组，是一家集茶叶种植、加工、销售、研发等为一体的综合企业，拥有茶叶直营店及茶叶加工厂。公司以"做良心经营，让消费者喝上放心的有机茶"为公司目标，以"态度决定一切，细节决定成败"为服务宗旨。

▼ 茶园面貌

茶园现栽种"福鼎大白""巴渝特早""川茶二号"等优良品种，主要生产优质的生态绿茶及生态红茶。公司生产的绿茶条索纤细、满身披毫、汤色碧绿清澈、叶底嫩绿明亮、滋味鲜醇。

▼ 茶园一角

"九岭朝鸿"牌茶叶为公司注册商标,同时使用"三峡天丛"公共品牌。市场定位于中高端消费,满足商政、节庆礼品和日常消费需求等。

▼ "福鼎大白"茶树品种

茶园地址：柱山乡葵花村
联系人：张渝
联系电话：15213541666

▼ 产品包装

公司内部配有资深技术员、高级茶艺师、评茶员等管理人员数名,为发展壮大做好了充分的人才储备。

▼ 评茶员培训

重庆君之缘农业开发有限公司

重庆君之缘农业开发有限公司是一家集高山原生态茶叶种植、加工与销售为一体的农业综合开发公司。公司已建成 1500 m² 的厂房,拥有全套现代化红茶生产设备,年生产力达 50 吨。公司有一栋 600 m² 的接待中心,可用于会议、聚餐、住宿。公司已流转约 0.7 km² 原生态有机林地茶园,茶树品种为中小叶群体种,树龄均在 50 年以上,根系发达,茶叶内含物质丰富。

公司的"绿隐仙枞"牌有机燕山红茶2020年荣获第十四届中国国际有机食品博览会金奖,获得福建省农业科学院茶叶研究所3项专利。

燕山红茶产于海拔600～800米的万州区燕山乡猴子岩、捡水包两座山岭中的有机茶叶生产基地,茶树品种主要为树龄在五十年以上的中小叶群体种,采用本地红茶传统制作工艺,并结合福建省茶叶研究所工夫红茶的制作工艺,经过反复试制,形成了一种独具地方特色、品质的红茶新品种。

茶园地址：重庆市万州区燕山乡泉水村二组
联系人：万翔
联系电话：023-58822123

获奖证书

重庆君之缘农业开发有限公司：

你单位参加第十四届中国国际有机食品博览会，绿隐仙枞牌有机燕山红荣获博览会金奖。

特颁此证

第十四届中国国际有机食品博览会组委会

2020年11月

重庆玖凤旅游开发有限公司

重庆玖凤旅游开发有限公司旗下有凤凰茶叶加工厂,加工厂位于重庆市万州区太安镇凤凰社区6组。

重庆玖凤旅游开发有限公司是一家集茶种植、加工、销售、研发、茶艺培训为一体的综合企业,拥有茶叶直销店、茶叶扶贫生产车间、2 km² 茶叶基地。茶园海拔为 900~1100 m,该茶园茶树以巴山峡川等有性繁育品种为主体,年产量 100 吨。

▼ 品种

公司的凤凰有机茶园自 2019 年以来,已通过 CERES、SRS、SCS、中标国际等多家国内外认证机构审核认证,符合欧盟 EU、美国 NOP 有机产品标准,中国有机产品 GB/T 19630—2019 标准,美国公平贸易 FTUSA 体系标准,雨林联盟 RA 可持续农业标准,中国绿色食品 A 级标准,持有欧盟 EU、美国 NOP 有机产品认证证书,中国 GB/T 19630—2019 有机产品认证证书,美国公平贸易 FTUSA 体系认证证书,雨林联盟 RA 可持续农业认证证书,中国绿色食品 A 级认证证书。

▼ 有机茶叶基地

▲ 欧盟 EU、美国 NOP 有机认证证书

▲ 中国 GB/T 19630—2019 有机产品认证证书

SCS Global Services does hereby certify that an independent assessment has been conducted of:

Chongqing Jiu Feng Tourism Development Co., Ltd.

6th groups of Fenghuang community, Tai An Town, Wanzhou District, Chongqing, China

Scope of Certificate:
Conventional Camellia Tea

At the following sites:
See Annex 1

The facilities are hereby certified to sell products as:
The assessment has been conducted by SCS Global Services (SCS) in accordance with the standards and compliance criteria listed below.
Fair Trade USA Agricultural Production Standard - Version 1.1.0

Fair Trade USA ID#: 1557174

Valid from 12 November 2019 to 11 November 2022

Jim Knutzon, Vice President
SCS Global Services
2000 Powell Street, Ste. 600, Emeryville, CA 94608 USA

Annex 1

Chongqing Jiu Feng Tourism Development Co. Ltd.

Fair Trade USA ID #: 1557174

Name of Production Site	Size (ha)	Product Form
Phoenix Tea Farm	204 ha	Conventional Fresh Camellia Tea

Name of Processing Facility	Address	Product form
Phoenix Tea Factory	6th groups of Fenghuang community, Tai An Town, Wanzhou District, Chongqing	Conventional Fresh Camellia Tea

▲ 雨林联盟 RA 可持续农业认证证书

▼ 中国绿色食品 A 级认证证书

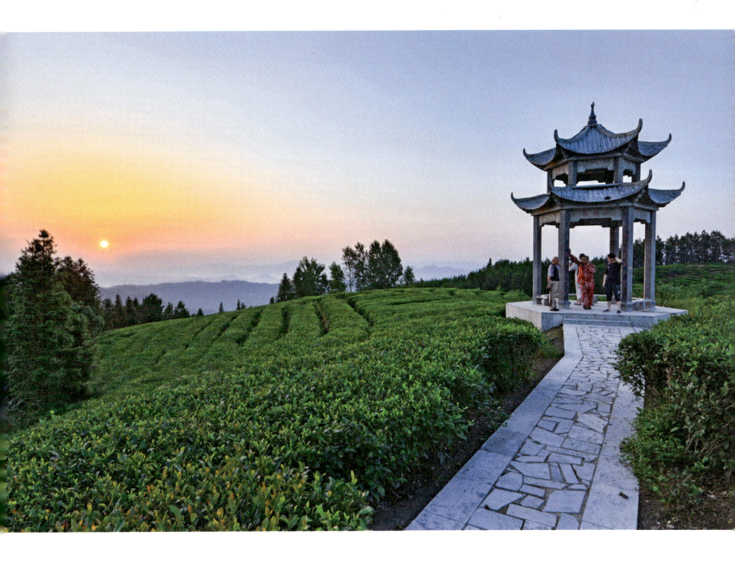

　　以上各项涵盖了自然生态、质量管控、人文友好型产品认证或体系认证,极大提高了公司三峡天丛、"老茶梁"牌全系列有机茶产品的内外销竞争力。产品深受国内外市场欢迎、信赖,目前产销两旺,发展态势良好。

万州区太安镇凤凰茶乡是重庆有机茶之乡,公司有机茶每年经欧陆分析集团、国内多家检测机构检测,580余项指标全部合格,无农残、重金属等有害物质,是安全、放心、零污染,高山绿色天然有机茶中质量上乘者。

▼ 茶叶检测报告(欧陆分析集团 eurofins)

▼ 有机茶产品系列之一（绿茶）

加工厂以传统手工制茶为主,制成的手工茶色泽鲜亮、口感清新、味道香浓、经久耐泡。

▼ 有机茶产品系列之一(绿茶)

手工红茶更有兰花香。"老茶梁"为公司注册商标,同时使用"三峡天丛"公共品牌。

重庆市渝鸟林业有限公司

　　深山雾气浓,茶香醉人心。遥望山路蜿蜒,生机勃勃的茶园点状分布在山间,装点着万州区龙驹镇龙溪村的春天。

　　正值春茶忙碌时节,三三两两的茶农散落茶垄间,采摘大自然美味的馈赠。

　　三峡皇希茶叶产业园,这个由重庆市渝鸟林业有限公司自2013年开始建设的产业园,经过八年蓄力,2.1 km^{2}茶园陆续进入盛产期。

　　作为国家农业综合开发产业发展项目和当地农民致富增收项目,三峡皇希茶叶产业园辐射全村近一半农户从事茶产业工作,自2014年至今累计增加农民收入1550余万元、户均增收近4000元。

大山深处、密林之中，生机勃勃的茶园，见证了当地百姓脱贫致富之路。"三峡皇希茶"，是高峡云间茶，更是"农民致富茶"。

产业园加工厂房的面积为2000多平方米，建有3条茶叶加工生产线。负责人向友春奉行"质量高于一切"的理念，使整个生产流程标准化程度极高。鲜叶采收严格，加工一丝不苟，成茶精挑细选。以鲜叶验收为例，公司要求茶民必须保证98%以上的合格率，从根本上保证了茶叶的上好质量。

近两年,公司调整、扩建厂房,新增精制车间,引入出口茶加工生产线。随着茶园的盛产,基地整体产量有望大幅度提升。在确保机械化生产高效、科学的同时,公司鼓励工人传承手工制茶技能,积极发扬工匠精神。

  这几年，因着良好的品质，"三峡皇希"牌茶叶在业界崭露头角，获得了很多行业大奖。2020年，绿茶和龙溪工夫茶分别荣获重庆市"三峡杯"茶叶比赛金奖和特等奖，"三峡皇希茶"还获2020年第十届"中绿杯"特金奖。公司亦获奖众多，是重庆市市级农业产业化龙头企业、重庆市科技型企业、重庆茶业创新型优秀企业、重庆市深度贫困乡镇优秀茶叶生产企业、重庆市科技特派员帮扶示范基地，荣登"全国一村一品示范村镇"榜。

查询网址：http://www.ctma.com.cn/zheng2020/（唯一官方网址）　　证书编号：BTMAZLBTJ2020075

荣誉证书

2020年第十届"中绿杯"全国名优绿茶产品质量推选活动

公司名称：重庆渝鸟林业有限公司

品牌/商标：三峡皇希/三峡皇希茶

茶样名称：三峡皇希茶

所获奖项：特金奖

证书编号：CTMAZLBTJ2020075

成绩：93.50　　，具体如下：

项目（权重）	外形（25%）	汤色（10%）	香气（25%）	滋味（30%）	叶底（10%）	总分
分数	93.73	94.73	92.13	94.13	93.23	93.50

评审时间：2020年7月1-3日　　评审地点：北京、浙江宁波

扫码查看电子证书

中国茶叶流通协会

二〇二〇年八月

荣誉证书
HONORARY CERTIFICATE

重庆市渝鸟林业有限公司：

你单位选送的三峡皇希牌·三峡皇希茶 在重庆市第十二届"三峡杯"名优茶评比中荣获名茶类

金 奖

重庆市茶叶学会　重庆市茶叶商会
二〇一八年九月

荣誉证书
HONORARY CERTIFICATE

重庆市渝鸟林业有限公司：

你单位选送的三峡皇希牌·龙溪工夫 重庆市第十二届"三峡杯"名优茶评比中荣获红茶类

特 等 奖

重庆市茶叶学会　重庆市茶叶商会
二〇一八年九月

荣誉证书
HONORARY CERTIFICATE

重庆市渝鸟林业有限公司

你单位选送的"三峡皇希牌·龙溪工夫"在重庆市农业农村委员会指导的"巴味渝珍"杯重庆市第二届斗茶大赛中荣获

"重庆市十大优秀茶叶产品"

重庆市茶叶学会
2019年5月3日

重庆市万竹茶业发展有限公司

重庆市万竹茶业发展有限公司位于万州区分水镇竹山村1组95号，四周森林资源丰富，山中常年烟云缭绕，无任何污染。

处在三峡库区海拔1100米以上的悦君山麓狭长地带，
在其山南的高山森林，终年阳光普照，云雾缭绕，
林中树木茂盛，林下生长着一片稀有茶林。
林下生态平衡，虫害甚微，丰厚的土壤和良好的阳光漫射环境，
天时地利，造就了悦君林下茶独有品质。

自古神仙出悦君

重庆市万竹茶业发展有限公司是一家集茶业种植、加工、销售为一体的茶叶生产企业。公司建有现代茶园约 1.5 km²，整理林下茶园约 0.7 km²。茶园海拔为 950~1200 m，茶园以无性系良种"福选 9 号"为主，年产茶叶 12 吨。

茶园地址：重庆市万州区分水镇竹山村
联系人：邓彦海
联系电话：13996623370

▲ 茶园全景

▼ 茶园风光

▲ 茶园风光

▼ 茶鲜叶

公司茶园全程按照绿色食品标准进行管护。2020年8月,经中国绿色食品发展中心审核,公司生产的"悦君童子茶"(绿茶)符合绿色食品A级标准,被认定为绿色食品A级产品。

证　书

经中国绿色食品发展中心审核，该产品符合绿色食品A级标准，被认定为绿色食品A级产品，许可使用绿色食品标志，特颁此证。

产　品　名　称：悦君童子茶（绿茶）

商　标　名　称：悦君山+图形

产　品　编　号：LB-44-20083418369A

生　产　商：重庆市万竹茶业发展有限公司

企业信息码：GF500101171192

核准产量：3　吨

许可期限：2020年8月10日至2023年8月9日

颁证机构：

代表签字：

颁证日期：2020年8月10日

中国绿色食品发展中心

公司生产的绿茶茶汤晶莹剔透、回味甘甜;红茶茶汤明黄甘洌、鲜甜爽口。

◀ 公司生产的绿茶

◀ 公司生产的红茶

干茶 乌黑油亮显金毫

茶底 色泽红黑，果香怡人

茶汤 红艳透亮显金圈

"悦君山"为公司注册商标,同时使用"三峡天丛"公共品牌。

▼ 公司悦君山牌产品包装

重庆涌湖茶叶有限公司

重庆涌湖茶叶有限公司是一家集茶叶种植、加工、销售为一体的农业企业,位于万州区新乡镇龙泉村 2 组。

公司"涌湖绿茶"制作技艺被认定为万州区非物质文化遗产。"涌湖"品牌也是"万州老字号"。公司的主要任务就是研发、生产"涌湖"茶叶产品,保护、传承"涌湖"茶叶历史技艺。

公司现有基地面积约 0.3 km²,新开发标准茶园基地面积约 0.3 km²,主要品种有"乌牛早""福鼎大白""巴渝特早"。

"涌湖"为公司注册品牌,同时使用"三峡天丛"公共品牌。公司生产的"涌湖银毫"多次获得荣誉。

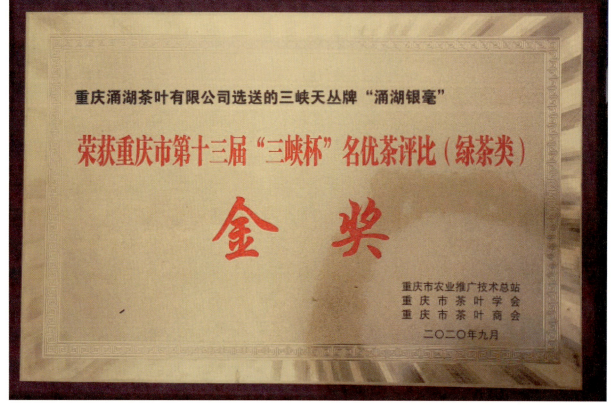

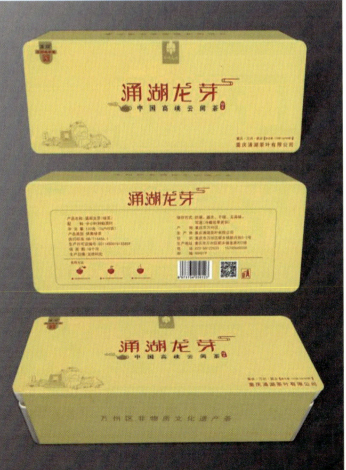
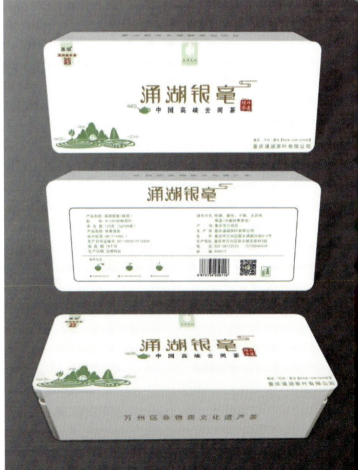

商标注册证

第 38464679 号

涌湖

核定使用商品/服务项目（国际分类：30）

第30类：咖啡；茶；茶饮料；用作茶叶代用品的花或叶；糖；蜂蜜；谷类制品；面条；食用预制谷蛋白；调味品（截止）

注 册 人　重庆新唛缘农业发展有限公司

注册人地址　重庆市万州区新乡镇新兴街5-2号

注册日期　2020年01月28日　有效期至　2030年01月27日

局　长　申长雨　　　发证机关

重庆市万州区江南茶厂

　　重庆市万州区江南茶厂是一家多年从事茶叶生产、销售及产品研发的企业，在万州区长岭镇建有生态茶叶基地约 1.3 km²。该地四季分明，雨量充沛，年均降雨量为 1500 mm 左右，属典型的亚热带季风气候。茶园位于北纬 30°，海拔为 600～1080 m，终年云雾缥缈，气候宜人，茶园四周被森林覆盖，周边无污染源；茶园土壤肥沃，含有丰富的有益矿物元素，非常适宜茶树的生长。该茶园有"福鼎大白茶""巴渝特早""云南大叶""紫鹃""黄金芽"等 10 多个茶树品种。

◀ 茶园种植品种

◀ 茶园种植品种

◀ 茶园种植品种

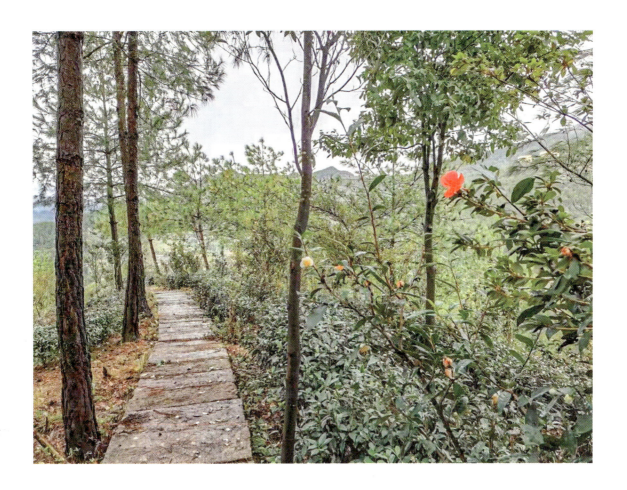

公司有清洁化生产车间 1500 多平方米，具有成套的绿茶、红茶、茉莉花茶生产线设备设施。

◀ 清洁化生产车间

企业主要创制"玉毫雪"牌、"三峡"牌及"三峡天丛"牌的"玉毫秀芽""玉毫贡芽""三峡红茶""三峡花茶"四种类型的名优茶。"玉毫秀芽"于清明前选用"福鼎小白茶"和巴江峡川小叶群体茶树品种一芽一叶为原料,经杀青、揉捻、塑形、干燥、精选等加工工艺精心制作而成。

▼ "玉毫秀芽"

"玉毫秀芽"外形匀直秀丽,色泽绿润显毫,茶汤嫩绿明亮,香气为嫩栗香、略带花香,滋味鲜爽回甘,叶底嫩绿明亮。

▼ "玉毫秀芽"

"三峡红茶"于清明前选用"福鼎小白茶"和巴江峡川小叶群体茶树品种一芽一叶为原料,经萎凋、揉捻、发酵、干燥、精选、复焙等加工工艺精心制作而成。其干茶外形条索匀整,色泽乌润带金毫,汤色金黄亮丽,甜香浓郁略带花香,入口甘甜醇厚生津,叶底红亮。

▼ "三峡红茶"

▲ "三峡花茶"

"三峡花茶"选用公司自产绿茶、万州优质茉莉鲜花为原料，经过白兰花打底、窨花搅和、通花散热、续窨、起花、烘干、提花等加工工艺精心制作而成。该茶叶外形紧细匀整，干闻花香显，湿闻香气鲜灵浓郁，滋味鲜爽浓醇、回味清甜，汤色为浅杏黄色、清澈明亮，叶底嫩匀、明亮。

"玉毫贡芽"于清明前选用三峡万州高山生态茶园采摘的鲜嫩芽叶茶青，经传统工艺与现代科技结合精心制作而成。该茶形似竹尖，色泽翠绿；入杯时似百鱼争食，少顷若群笋出土；汤色明净，品饮时清香馥郁，滋味鲜爽，有极高的品饮与艺术欣赏价值。

◀ 『玉毫贡芽』

◀ 『玉毫贡芽』

▲ 汤色明净

企业自1999年来多次荣获重庆"三峡杯"金奖，荣获2018年中国国际茶叶博览会名优茶评比金奖，荣获"重庆市十佳茶叶产品""万州十佳名牌农产品"。企业负责人夏吉安荣获中国产茶区"重庆茶区十佳匠心茶人"。企业在2019年荣获重庆茶业品牌影响力优秀企业，在2021年"巴味渝珍"杯重庆市第四届斗茶大赛"十强茶产品"评选中荣获"五星冠军绿茶"等奖项。

重庆市万州区江南茶厂
联系电话：023-58355189 13638262988

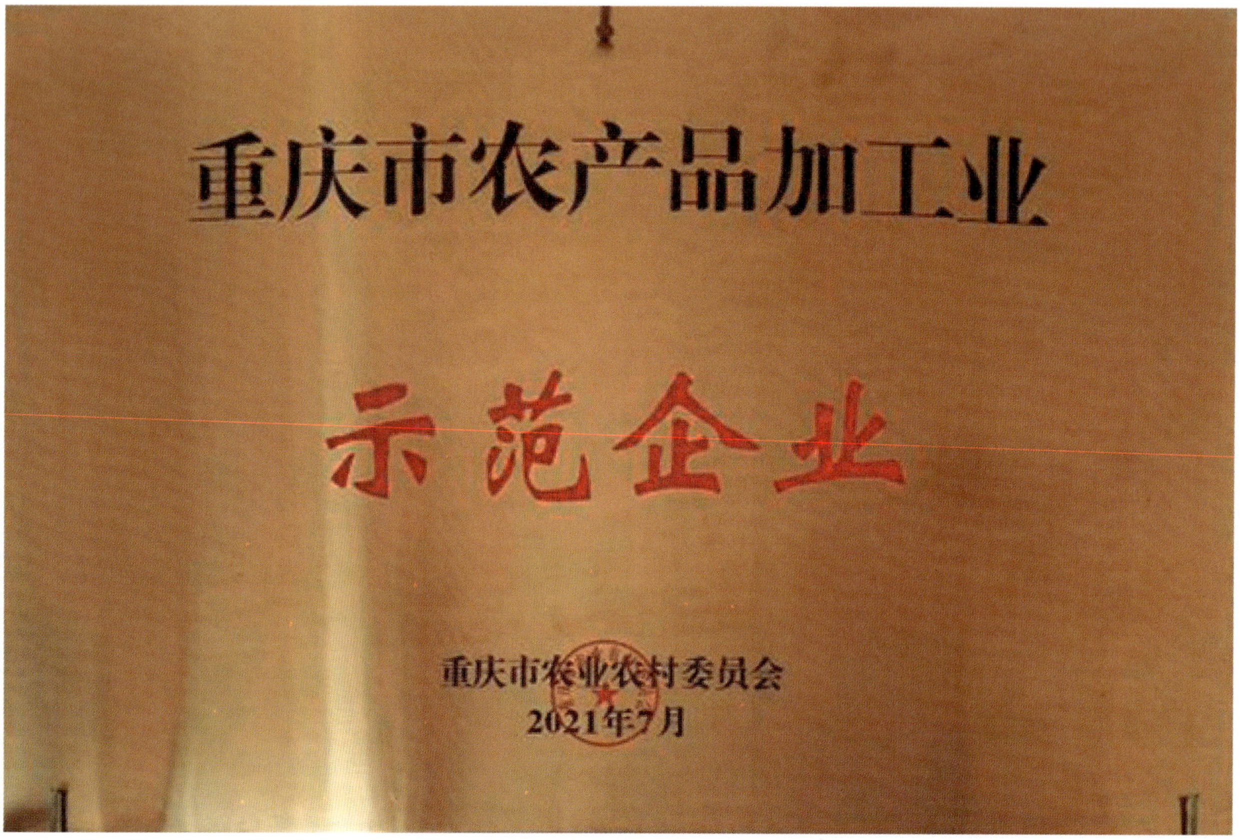

▶ 重庆市农委授予示范企业称号

▶「玉毫秀芽」荣获金奖证书

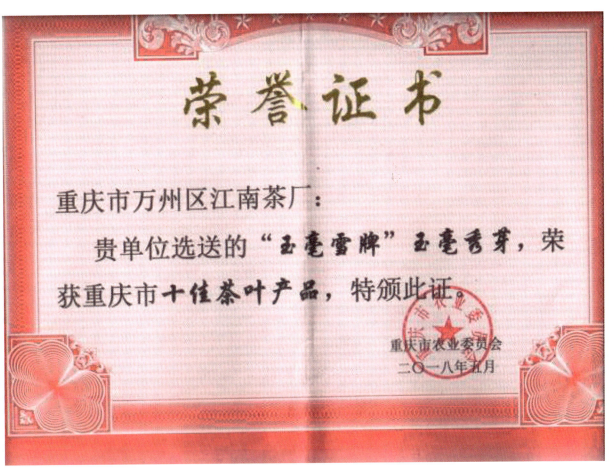

◀ 玉毫秀芽荣获『重庆市十佳茶叶产品』

◀ 公司经理夏吉安荣获『重庆茶区十佳匠心茶人』称号

江南茶厂荣获"重庆茶业品牌影响力优秀企业"称号

"玉毫秀芽"获得五星冠军绿茶荣誉称号

企业产品立足本地市场,结合线上线下营销渠道,远销重庆、成都、上海、武汉、山东、江苏、北京等地。该企业是重庆市科技创新型企业,重庆市山地茶产业技术体系渝东北试验站依托单位,重庆市农业科学院茶叶研究所、西南大学茶学系、重庆农技推广总站科研合作基地,是万州区茶叶协会会长单位、万州区农业产业化龙头企业、重庆市农产品加工业示范企业。

A-2　奉节

奉节县位于重庆市东部，东邻巫山县，南接湖北省恩施市，西连云阳县，北接巫溪县；地跨东经109°1′17″~109°45′58″，北纬30°29′19″~31°22′33″。全县辖区面积为4098 km²，下辖29个乡镇、4个街道办事处，314个行政村、78个社区。截至2020年11月，奉节县常住人口为74.48万人。

奉节县属四川盆地东部山地地貌，长江横贯中部，形成南北高、中间低的地势，山峦起伏，沟壑纵横。境内山地面积占总面积的88.3%，中山（海拔1000米以上）面积占总面积的80.01%，最高海拔奉节猫儿梁为2123 m，三峡工程蓄水前最低海拔瞿塘峡口为86 m。境内有夔门、白帝城、瞿塘峡等旅游资源。郑渝高速铁路穿境而过，境内设有奉节站。

▼ "香山贡茶" 获奖证书

奉节县古称夔州，是中国最古老的茶区，茶文化历史悠久。周朝时就曾以巴蜀土贡入朝。到了唐朝，夔州香山茶更是享誉天下。据唐李肇《国史补》记载："风俗贵茶，茶之名品益多。……夔州有香山茶。"夔州香山茶已被列作皇室贡茶。唐陆羽《茶经·八之出》记载，唐朝四十三州产茶，其中就有夔州，并将夔州划入山南茶区。据陈椽教授《茶业通史》考证，茶叶传播分两条路线，其中一条就是自泸州一直往东到夔州再顺江而下。这说明，在唐代，奉节已成为茶叶生产传播中心。

20世纪八九十年代，奉节县政府将恢复历史名茶纳入议事日程，创制的"香山贡茶""夔州真茗"等品牌获得多项殊荣。

"香山贡茶"曾荣获一九九四年度四川省"甘露杯"名优茶称号、一九九五年度第二届中国农业博览会金奖、一九九九年度中国国际农业博览会"名牌产品"称号；二〇〇一年度首届"重庆名牌农产品"称号。

"夔州真茗"曾荣获一九九四年度四川省"甘露杯"名优茶称号、一九九五年度茶叶博览会金奖、二〇〇〇年度国际茶叶博览会银奖。

20世纪末至21世纪初，"香山贡茶"以其优良的品质，享誉四川、重庆茶叶界。

资源禀赋：

（1）春季回暖早。奉节县属中亚热带湿润季风气候，春早、夏热、秋凉、冬暖，四季分明，无霜期长，雨量充沛，日照时间长。春季稳定通过10℃的日期较中东部产茶大省早15～20天，每年二月底三月初即可开园采茶，较同纬度的浙江、安徽、江苏、福建等产茶大省早半个月左右，利于春茶市场的抢占。

（2）立体气候。奉节境内山高谷深，海拔高度跨度大，森林覆盖率达到63.4%。受地形地貌影响，垂直变化较为明显，形成典型的立体气候。年均气温海拔低于600 m的地区为16.4℃，600～1000 m的地区为13.7～16.4℃，1000～1400 m的地区为10.8～13.7℃，高于1400米的地区，低于10.8℃。

（3）土种丰富。奉节属典型的喀斯特地貌，山高坡陡、沟壑纵横、地质破碎，溪河深切割，岩层出露头多，成土母质广，形成的土种高达83个。土壤母质以三叠系、侏罗系为主，土壤类型主要为黄壤、冷沙黄泥、紫色土、红棕紫泥、盐沙土等。

曾有顺口溜形容奉节的山大坡陡："上山到云巅，下山到河边，若要走平路，地坝街沿边"。奉节的茶园主要分布于海拔600～1400 m的中高山地区。一个茶园的相对落差为一两百米，有的从山顶到谷底，落差四五百米。奉节县因为沟壑纵横、陵谷交错，形成了"十里不同天，步步有胜景"的山地特点。小气候多变，相对大落差，加之丰富的土种，奉节县犹如一个天然的茶叶拼配场，不但成就了茶叶品质的丰富性，更使其以滋味厚重独特而见长。

发展现状：

面对茶叶生产相对过剩，竞争日趋激烈的局面，为了充分发挥奉节得天独厚的资源禀赋，奉节县委、县政府通过充分论证，决定在保持传统绿茶优势的前提下（"香山贡茶""夔州真茗"两个品牌），大力发展种植白茶，力争在变异茶树领域寻求突破。

为此，2020 年，奉节县专门制定了《十万亩奉节白茶产业发展规划》，并出台了奉节府发〔2020〕27 号《关于大力发展白茶产业的实施意见》，计划用 10 年左右的时间，实现面积十万亩、产值突破十个亿的"双十"目标。在产业布局上，实施低山（海拔 600 m 以下）种脐橙、中高山发展茶叶及中药材的立体战略，从而实现"茶山橙海，香满夔州"的美好愿景。

近年来，奉节县依托辖区丰富的资源禀赋，不断加大全县茶叶生产基地和龙头企业的扶持和培育力度，同时夯实产业基础，促进茶叶增产增收，做大做强茶产业，赋能全面巩固脱贫攻坚成果有效衔接乡村振兴。

（1）生产基地。全县现有茶园面积为 17.5 km^2，其中奉节白茶种植面积已发展到 12 km^2。采摘面积为 7.5 km^2。2021 年茶叶总产量达到 557 吨（其中白茶产量为 11.5 吨），总产值为 6052 万元，其中名优茶 75 吨，产值为 2598.5 万元。

（2）茶树品种。茶树有四川中小叶种、"福鼎大白""巴渝特早""平阳特早""蒙山 9 号""白叶一号""皇金芽""黄金叶"等系列品种，其中面积较大的"白叶一号"为 10.7 km^2，四川中小叶种为 4.3 km^2，"福鼎大白"为 1.6 km^2。

（3）经营主体。截至 2021 年底，奉节县已培育茶叶生产企业 20 家、经营大户 7 家、茶叶合作社 2 家、生产基地 24 个、县级龙头企业 5 家。

（4）加工条件。奉节县现有茶叶加工企业 7 家，厂房面积为 200～3000 m^2 不等，加工生产线 8 条，其中一条为全自动生产线（白茶）。

（5）品牌建设。在传统绿茶领域，除继续发挥"香山贡茶""夔州真茗"这两个品牌优势外，围绕奉节白茶产业，着力打造"奉节白茶"公共品牌，推行"地理商标+企业商标"的双标管理模式，以品质为中心，全方位打造"奉节白茶"。2021 年，"奉节白茶"首次公开亮相，参加了部分活动，先后获得 2021 "重庆好礼"旅游商品大赛"金奖"和 2021 中国旅游商品大赛银奖。

（6）存在的问题或者制约因素：一是全县茶叶种植规模小，没有规模效应，不能形成完整的产业链，导致企业只能实行单一的"产加销一体化"经营模式，产生不了综合效益；二是品牌建设有待加强，"奉节白茶"的品牌建设工作刚起步，因没有自主品牌，销售以初产品批发给外地客商为主；三是部分茶叶企业加工设施陈旧、工艺落后、劳动生产率低。

◀ 中国国际农业博览会"名牌产品"称号

截至 2021 年底,奉节县已培育茶叶生产企业 20 家、经营大户 7 家、茶叶合作社 2 家、生产基地 24 个、县级龙头企业 5 家。本节入选茶产业主体 7 家,属于当地龙头企业或者有一定特色的企业。

▼ "重庆名牌农产品"称号

重庆夔春农业开发有限公司

重庆夔春农业开发有限公司茶叶生产基地七一茶场地处奉节县五马镇樟木村,海拔为 850～1250 m。茶场四周森林密布。因其特有的自然环境优势,1971 年,重庆市奉节县委、县政府将茶叶确定为全县骨干经济作物,并在樟木村高山林区开展坡改梯工程,采用林茶间作模式大量种植四川中小叶群体茶叶,并命名为"七一茶场"。茶园面积约 0.6 km^2,后实施低产茶园改造技术,引进无性系扦插苗"福鼎大白茶""蒙山 9 号""福选 6 号"等品种。

▼ 茶场一角

七一茶场结合现代企业制度和茶叶种植技术,以生产高品质名优绿茶为发展方向,对茶园实施增量提质。目前茶场现有生态茶园约 1.3 km²,并建有现代化茶叶加工标准厂房 1000 多平方米,设有检测室、审评室、冷冻库各一个,加工设备 10 台套,年产干茶 80 吨以上,产值达到 500 万元。公司现有管理人员及员工 33 人,其中有评茶师 1 名,质检师 1 名,会计师 1 名,销售精英 2 名,年季节性用工 2000 余人次。

▼ "福选 6 号"

公司在县城开设 100 m² 茶叶专卖店一处，线上线下综合经营，使"瞿塘""夔奉香山贡"两个商标的"香山贡茶"产品远销市内外。

▼ 加工车间

公司法人：李美香
联系电话：15320610085

▼ 加工车间

'99中国国际农业博览会

名牌产品

一九九九年九月 中国·北京

◀「香山贡茶」

◀ 展示窗口

奉节县夔州真茗茶叶种植有限公司

公司位于青莲镇茅田村，始建于1972年，前身为"奉节县茅田茶场"，2002年更名为"奉节县夔州真茗茶叶种植有限公司"，是奉节县集体资产转型的第一批企业。公司现有林场2 km²，有一个种植面积达0.8 km²的茶园，年加工能力达100吨。

▼ 公司大门

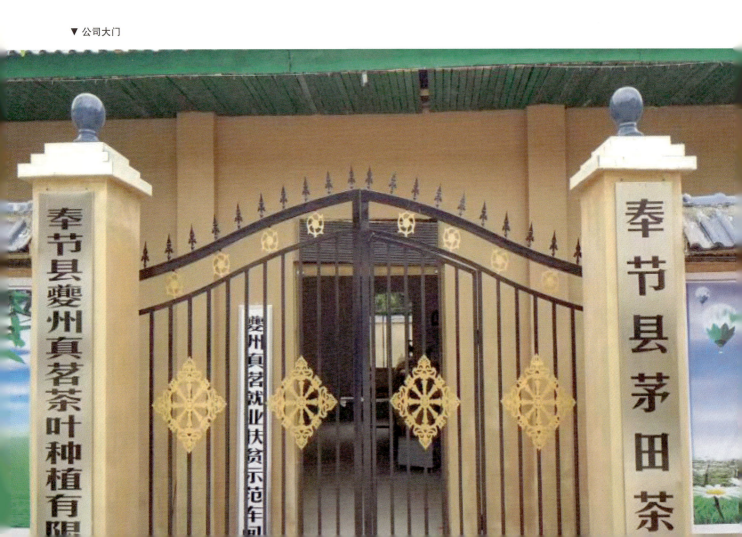

▲ 茅田茶场一角

　　茶园的海拔为 1200～1400 m，森林覆盖率高，冷凉多雾，寡日照。茶叶富含氨基酸，香气馥郁持久，滋味醇厚鲜爽。公司生产的"夔州真茗"茶，条形竖直，嫩绿色润，白毫显露，香浓持久，汤色清澈，鲜醇回甘，叶底均整，曾获四川省"甘露杯"优质名茶金奖，中国农业博览会金奖，中国（成都）国际茶叶博览会银奖。

近年来,公司利用农旅结合发展田园综合体,充分利用厂区近百分之九十的森林覆盖率,以及天然的地理环境优势发展乡村旅游,将厂区打造成景区,2020 年接待游客达到 10 000 人次,旅游收入达到 300 000 元,并成功接待了《半路村长》剧组外景拍摄。

▼ 展示橱窗

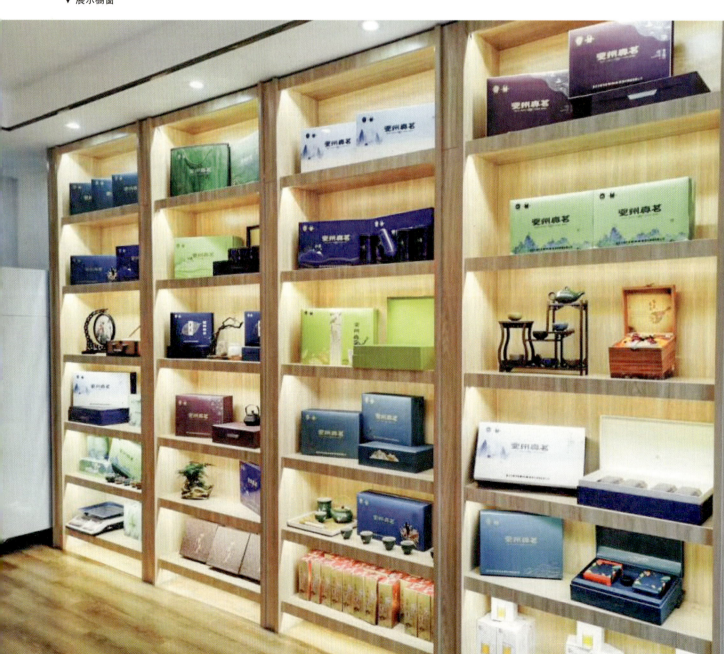

◀ 获奖奖牌

◀ 获奖证书

▲ 县城专卖店

▼ 茶叶加工厂

重庆市奉节县九品茶叶有限公司

重庆市奉节县九品茶叶有限公司坐落于奉节县草堂镇，是一家集茶叶种植、加工、研发、营销、茶文化交流推广于一体的科技型茶叶企业。公司成立于 2016 年，注册资金 5000 万元，已经建成标准化茶叶加工厂房 4000 多平方米，在草堂镇桂兴村、双凤村，岩湾乡五星村、岩湾村种植白茶约 3.3 km²，在白帝镇香山村种植四川中小叶种、"福鼎大白"约 0.2 km²，累计投资超过 7000 万元。

▼ 公司办公大楼及旗舰店

公司参加2021年上海国际茶业博览会，奉节白茶被主委会评定为"领事品中国好茶指定用茶"。

公司的"草堂山"牌奉节白茶获2021"重庆好礼"旅游商品大赛金奖，获2021中国特色旅游商品大赛银奖。

公司法人：肖卫新
联系电话：13505828520

▼ 白茶全自动生产线

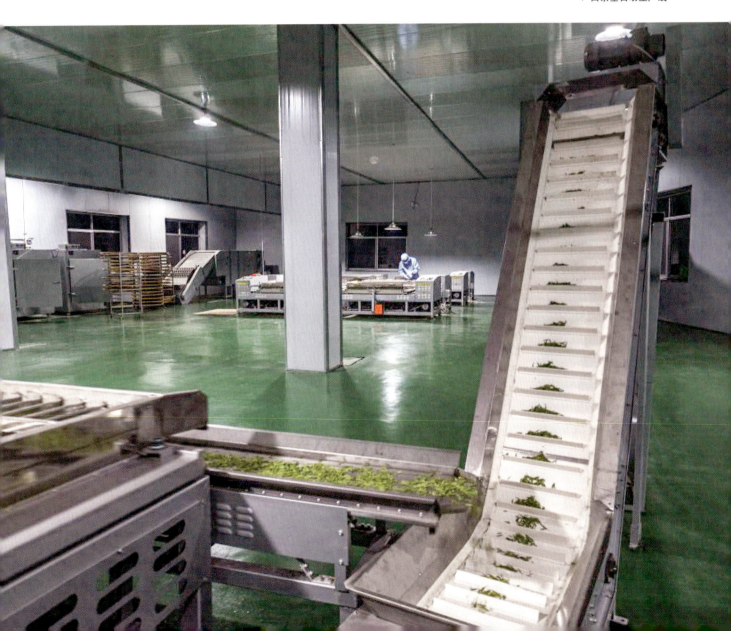

◀ 县城专卖店

◀ 「草堂山」牌奉节白茶

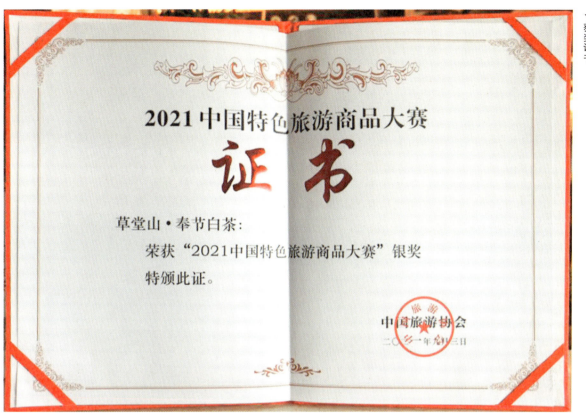

◀ 加工厂房及设备

◀ "巴郡九品"牌奉节白茶

重庆市奉节县奉丰农业发展有限公司

重庆市奉节县奉丰农业发展有限公司成立于2017年2月,注册资金为500万元,2017年开始引种安吉"白叶一号"0.3 km²,有完整的茶叶种植、加工技术及销售渠道。公司2020年扩展种植面积至0.5 km²,增设茶叶生产加工厂房,并形成高质量的茶叶生产加工技术和完善的销售体系。

▼ 水洞茶园

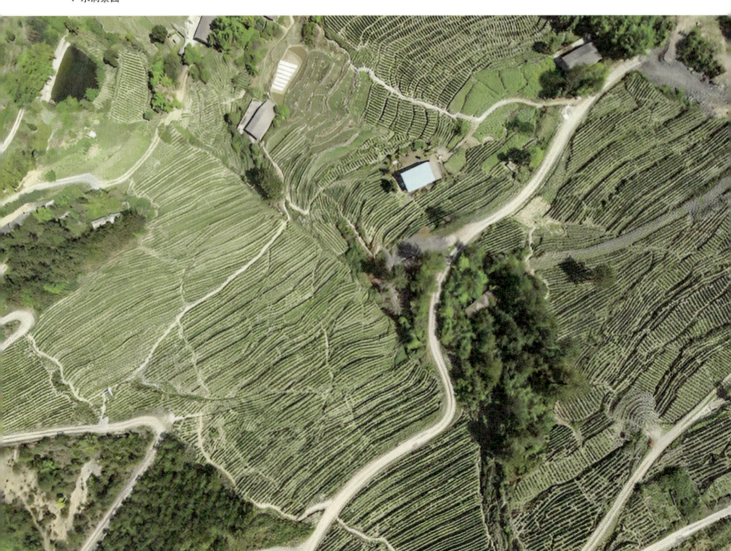

▲ 白茶产品

公司名称：重庆市奉节县奉丰农业发展有限公司
联系人：金诗学
联系电话：15730669303

▼ 白茶鲜叶

▼ 白茶茶行

加工车间

青少年研学实践基地

重庆市奉节县巴杨杨生态农业发展有限公司

重庆市奉节县巴杨杨生态农业发展有限公司创办于2018年，2019年在康乐镇木耳村投资兴建"巴杨杨·木耳白茶园"。该茶园地处天鹅湖4A景区，海拔900 m左右，距奉节县约9 km。

▼ 鸟瞰茶园

截至2021年底,茶园基地面积0.4 km²,总投资已达360万元。

联系人:汪贵松
联系电话:13966792055

▼ 茶园扩展

园内植有"白叶一号""奶白茶""早奶白""金镶玉""黄金叶"等五个变异茶树优良品种。

2020年开始试采,2022年进入初产期,春茶产量3000斤,产值200万元。

▼ "黄金叶"

▲ 苗圃

▼ "金镶玉"

重庆市亿柘农业开发有限公司

重庆市亿柘农业开发有限公司于 2020 年秋,在公平镇黄泥村投资兴建"亿柘·黄泥白茶园",现已初具规模。

▼ 鸟瞰茶园

公司本着高起点、高标准的指导思想,在主管部门的支持下,高薪聘请安吉茶叶专家,充分借鉴东部产茶大省经验。在整地环节上,公司采取"打破地界、顺坡就势、拆零并整"的宜机化改造;在种植环节上,公司采用起埂、沟栽、密植等先进技术。

▼ 茶园整地

截至2021年底,公司已建成标准化茶园约0.4 km²,累计投资300余万元。园内植有"白叶一号""早奶白""黄金叶"等优良品种。

公司法人:李中兴
联系电话:18696811538

▼ 起埂、沟栽

▼ 茶园一角

奉节县淼懿农业开发有限公司

奉节县淼懿农业开发有限公司于 2020 年秋，在康乐镇南天村投资兴建"淼懿·南天白茶园"，现已初具规模。

▼ 鸟瞰茶园

茶园地处奉节县著名道教圣地"南天门"山腰，海拔为800～900 m，与4A景区"天鹅湖"毗邻。县城近郊乡村旅游线途经园区。

公司法人：欧育林
联系电话：13896271938

▼ 茶园整地

公司本着高起点、高标准的指导思想,在主管部门的支持下,借鉴江、浙、闽等产茶大省的经验。在整地环节上,公司变传统的改梯法为"打破地界、顺坡就势、拆零并整"的宜机化改造法。在种植环节上,公司采用起埂、沟栽、密植等先进技术。

▼ 起埂、沟栽、密植

截至2021年底,公司已建成标准化茶园约0.4 km², 累计投资300余万元。园内植有"白叶一号""黄金芽"等优良品种。

▼ 茶园一角

白叶一号

A-3 巫山

巫山县因山而名、因江而兴。巫山县在春秋战国时期为楚国巫郡,秦汉改巫郡为巫县,距今近 2300 年。巫山县辖区面积为 2958 km^2,辖 26 个乡镇(街道),340 个村(居),总人口为 65 万。基本县情可概括为"一户五县"。一户:渝东门户、重庆向东开放桥头堡。五县:一是山清水秀美县。巫山县地处三峡库区腹心,拥有"一江碧水、两岸青山、三峡红叶、四季云雨"的良好生态,2020 年森林覆盖率为 62%、空气质量优良天数为 358 天,荣膺全国百佳深呼吸小城、中国天然氧吧。二是文化旅游名县。204 万年前的龙骨坡"巫山人"化石是中国境内迄今发现的最早的人类化石,5000 年前的大溪文化是新石器时代文化的代表。巫山县流传名诗名赋 6000 余首。巫山县是中国旅游强县,有首批国家 5A 景区(小三峡、小小三峡)。三是综合交通活县。由巫山机场、郑万高铁、长江黄金水道、4 条高速公路、多条旅游交通大环线组成的"水陆空铁"渝东门户综合交通枢纽即将形成,联通南北、横贯东西。四是移民脱贫大县。9 万移民外迁内安,县城整体搬迁,在轰轰烈烈的三峡移民中"凤凰涅槃"。9 万贫困群众不等不靠、自力更生,在脱贫攻坚中"日新月异",培育、弘扬了"无私奉献、舍小家、顾大家"的三峡移民精神和"勤劳勇敢、艰苦奋斗、坚守初心、自强不息"的下庄精神。五是生态产业特色县,践行"绿水青山就是金山银山"理念,使生态旅游、生态农业、生态康养、生态工业蓬勃发展,是首批国家全域旅游示范区、中国特色农产品优势区、中国脆李之乡、中国庙党之乡、中国红叶之乡、全国森林康养基地试点建设单位。

基地情况:

全县现有茶园的种植面积约 10.2 km^2,主要分布在福田镇、龙溪镇、骡坪镇、两坪乡、建平乡等乡镇。干毛茶产量 420 吨,产值 5230 万元。茶树栽植主要以老川茶、"蒙山九号"为主,总计约 6.5 km^2。

产业规模:

全县现有 2 家茶叶市级龙头企业,先后成立了 14 个专业合作社,7 个其他类别的生产经营主体、6 个有机产品认定的茶叶基地。

重庆市巫山县清露茶叶有限责任公司

重庆市巫山县清露茶叶有限责任公司是集茶园栽培、管理、初制生产、销售、科研和弘扬茶文化于一体的综合性企业。公司于2011年正式注册成立，注册资金为100万元。目前，公司拥有固定资产800万元，总资产为1500万元。

▼ 企业全景

▼ 基地一角

公司拥有成熟的茶叶种植基地约 1.3 km²，培育 1 年内的茶叶种植基地约 0.3 km²，培育茶叶苗圃 13 333 m²；拥有茶叶加工厂 1 个，占地 2000 m²；配备先进生产及检验设施设备共 113 台，配备清洁化生产线；聘请高级制茶师 3 名，检验员、化验员各 1 名，普通制茶工 5 名，茶叶基地田间管护专业技术员 12 名，季节性临时工 80 名，企业管理人员 2 名，设营销店面 2 处并配备销售人员 4 名；年产销茶叶为 50 吨以上，年产值达 2000 多万元；实现 107 人稳定就业（贫困户 32 户），促进 2000 多户茶农增收（贫困户 62 户），助推整村脱贫。2018 年，公司被核定为一般纳税人企业。

为优化产业发展,实现资源共享,促进农民增收,公司实施"公司 + 基地 + 科研 + 农户"的发展模式,做到生产基地、市场营销、品牌战略协调发展,坚持走品牌化、标准化、绿色化和产业化的发展道路,努力实现公司稳步健康发展。

公司着重打造"清露茗香"品牌系列,其香气浓郁,汤色清纯,口感纯正,素有"巫山第一泡"的美誉。产品已通过国家食品生产许可 IS 认证。2018 年,经中国绿色食品发展中心审核,公司的"清露雪毫""清露翠芽""清露毛尖""清露毛峰""清露手工茶"等产品被认定为绿色产品 A 级产品。2016 年选送的"清露茗香"荣获"中绿杯"中国名优绿茶评比金奖;2018 年选送的"清露毛尖"荣获"中绿杯"中国名优绿茶评比银奖。

▼ 手工茶

公司着眼企业的长远发展,重视企业文化建设,始终坚持"用心做人、倾心做茶"的经营理念、"立足资源、发挥优势、创造品牌、富民兴邦"的企业文化精神、服务于人类健康事业的企业使命,力求弘扬和传承中华千年茶文化。

▼ "清露毛尖"

▶ 生产车间

▶ 荣誉证书

荣誉证书

ITCF Ningbo China

重庆市巫山县清露茶叶有限责任公司

你单位生产的清露茗香牌清露茗香荣获2016"中绿杯"中国名优绿茶评比

金 奖

第三届两岸四地茶文化高峰论坛
暨第八届中国宁波国际茶文化节 组委会
二〇一六年五月

奖杯

重庆市巫山县祯露茶叶种植有限公司

公司现有茶叶品种有白茶、绿茶、黄茶、红茶,现有种植面积约 1.7 km²,是一家集茶叶种植、加工、销售于一体的综合企业,以种植、加工、销售安吉白茶为主。

▼ 白茶种植基地

▼ 白茶

▼ "祯露白茶"

▶「祯露白茶」

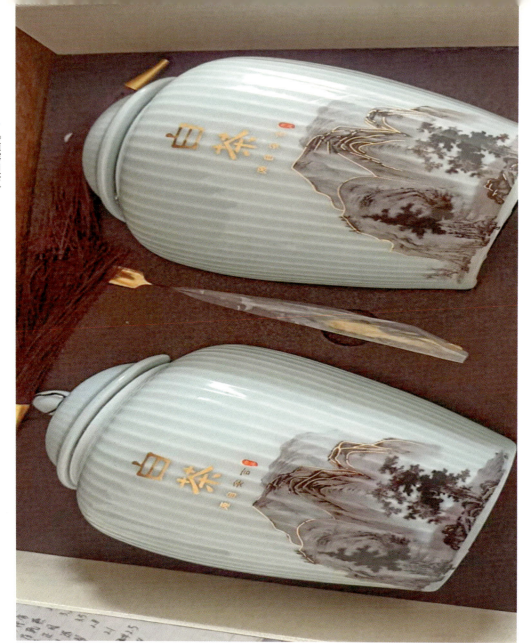

A-4　兴山

兴山县隶属于湖北省宜昌市,位于湖北省西部,长江西陵峡北侧,地处巫山山脉与荆山山脉之间,跨东经110°25′~111°06′,北纬31°04′~31°34′,因"环邑皆山,县治兴起于群山之中"而得名。兴山县是民族团结和平使者王昭君的故乡,荣获"中国人居环境范例奖""全国文明县城"等殊荣,沪蓉高速横贯全境,古昭公路被誉为"中国最美水上公路",时速350公里的郑万高铁与宜兴高铁交汇于兴山,设站县城,是宜居、宜旅、宜业的祥和之地。

兴山产茶历史悠久。据《新唐书·地理志》记载,唐武德三年(公元620年),归州巴东郡,县三(秭归、巴东、兴山),土贡纻(zhù)、葛、茶、蜜、蜡。由此可见,兴山茶叶种植历史可以追溯到1400年以前。近年来,兴山县茶产业立足本地生态资源禀赋,抢抓乡村振兴产业先行的机遇,始终坚持走"精品白茶、优质绿茶、特色红茶"的茶业发展之路,以建设"一园三区"(水月寺镇省级茶叶现代产业园,峡口镇普安白茶产业融合示范区、黄粮镇仙溪湾茶旅融合示范区、高桥乡龙潭村古白茶树资源保护种植区)生态高效茶园为主线,以改造提升"三化"(工业化、信息化、城镇化)加工为重点,以打造名优品牌为核心,以拓展产品市场为引领,做强龙头企业,大力推进茶产业全产业链建设。

自然环境：

(1)气候特征。兴山县属亚热带大陆性季风气候,四季分明,光照充足,热量丰富,雨量充沛。土壤质地疏松,透气性能好,富含磷、钾等矿物质。自然生态环境得天独厚,气候垂直差异大,这种特殊的气候特征为多种植物的生长提供了适宜的条件。海拔600~850 m区域适合种植"白叶一号"等白化系品种,800~1000 m区域适合种植"巴渝特早"等优良绿茶品种。

(2)土壤条件。兴山县土壤分为7个类别,15个亚类,44个土属,101个土种。土壤有机质含量以适宜水平为主,土壤中大量元素表现为碱解氮缺乏,有效磷丰缺同存,速效钾以适宜水平为主;中微量元素表现为有效硼缺乏严重,有效锌次之,其他中微量元素均处于适宜及以上水平。土壤适合茶树等经济作物生长。

产业发展：

(1) 历史由来。1949年后，县政府将茶叶作为县主要特产作物来抓。为解决发展生产中种源不足的问题，七十年代初，特产局组织技术人员到外地引进适制性较强的茶叶品种发展生产，先后从宜昌市、恩施州，贵州省湄潭县，福建省的福鼎市、浦城县，安徽省的宣郎广茶庄，广东省乐清县的广北农场，浙江省等地引进本地群体、"福鼎大白茶""福鼎大毫""白毫早""乌牛早""福云6号""早逢春""祁门褚叶种"等品种。在兴山县表现较好、适制性强的是"福鼎大白茶""福鼎大毫""白毫早""乌牛早"等品种。

20世纪80年代，兴山县茶叶工作人员在高桥乡龙潭村发现一株白茶树，其色泽玉白，当地人形容如桐树开花，制作后其香气、滋味远高于其他茶叶，命名为"兴山白茶母本树"。县特产部门采用扦插、压条繁殖的方式逐步推广，并进行了一系列的产品特性鉴定。兴山白茶是感温性茶树变种，温度在15~25℃时茶树芽叶白化，其品质特征表现为水浸出物≥35%，游离氨基酸含量≥3.5%，茶多酚含量≥12%，属于高氨低酚的新工艺茶叶产品。

(2) 生产情况。全县除榛子乡外7个乡镇都生产茶叶，43个村产茶叶，茶叶专业村有25个，从事茶叶生产的农户有3.1万人。截至2021年，全县茶叶总面积约43.4 km^2。其中白化茶约16.7 km^2，绿茶约26.7 km^2，茶叶采摘面积约33.3 km^2。

因白茶性状表现优良得到茶农和市场的认可，兴山白茶从2004年开始大面积种植，2014年种植面积达到10 km^2，名列全省第一。2015年，县委、县政府明确提出"打造湖北白茶第一县"的目标，"十三五"期间累计投入财政资金3000多万元新建茶叶基地12 km^2，其中精品白茶基地6.3 km^2。2021年，兴山县茶叶产量1700吨，产值2.2亿元。茶农绿茶鲜叶亩平收入2000~3000元，白茶亩平收入5000~8000元。

(3) 市场主体。兴山县茶叶加工企业目前有省级龙头企业1家，市级龙头企业3家，中小型茶叶加工厂36家，茶叶专业合作社、家庭农场等60余家。2022年2月，兴山县茶业协会成功举行了换届选举大会，网罗了全县80%以上的在茶叶种植、加工和销售等各环节的市场主体，在规范茶农生产、拓展茶叶销售市场、加大"昭君白茶"宣传力度和推进茶品牌整合等方面做出新的贡献。

(4) 获奖情况。2012年"昭君"牌"白茶"获得"湖北十大特色名茶"和湖北名牌产品称号，获得第二届"国饮杯"全国茶叶评比特等奖，获得"中绿杯"中国名优绿茶评比银奖，获得第十届"中茶杯"全国名优茶评比优质奖。

2014年"昭君白茶"获中国驰名商标，2015年兴山白茶获农产品地理标志认证，2018年兴山白茶获得市农业局颁发的"宜昌市三大绿茶创新品牌"称号，2021年兴山白化茶制红茶在"宜昌宜红"品质鉴评活动中获大宗茶金奖。

存在问题：

(1) 加工条件滞后。除4家龙头企业设备先进、卫生条件良好、适合大规模加工生产外，其余加工厂存在设备老化、加工环境不达标等问题。从业人员断档严重，特别是茶叶加工季节，劳动强度大，需要熬更守夜，中青年人几乎没人愿意搞加工。

(2) 园地基础设施配套不足。田间作业道路、灌溉设施、排水设施不配套，旱了无人浇、涝了排不了、冻了防不了，劳动力越来越少，成本越来越高，比较效益越来越低，造成部分茶园管理粗放甚至撂荒。

(3) 品牌宣传力度不够。没有整合品牌，企业各自为政，对外宣传的力度不够；也没有充分借助兴山独有的昭君"和美"文化，挖掘昭君与茶的历史、讲好"昭君与茶"的故事。

截至2021年底，兴山县有茶叶生产企业40家。本节入选茶产业主体4家，为茶产业省级或市级龙头企业。

▼ 2012年，"昭君"牌兴山白茶获得"湖北十大特色名茶"称号

湖北昭君生态农业有限公司

湖北昭君生态农业有限公司位于兴山县峡口镇普安村。成立于2006年，是一家集茶叶种植、加工、销售、茶文化研究于一体的兴山县唯一一家省级农业产业化重点龙头企业。公司固定资产总值8379万元，是中国质量信用AAA级企业、湖北省科技厅创新型试点企业、湖北省"重合同守信用企业"。公司旗下的兴山县昭君茶叶专业合作社2014年获得"全国农民合作社示范社"称号。

公司走"公司+合作社+基地+农户+贫困户"的模式发展茶产业，0.3 km^2茶叶基地观光园初具规模，普安片区6.7 km^2欧标有机无公害基地茶园正式启动。其中白茶3.3 km^2、绿茶2.7 km^2，公司基地高标准茶园1.3 km^2（流转老百姓土地1.2 km^2）。"昭君白茶"亩平收入过万元，与传统种植水稻、玉米相比，亩平增收6000多元。公司安排临时季节性用工13 000余人次，带动3000多户增收致富。

公司秉承"绿色、生态、健康"理念，主打"昭君"牌，研发生产加工出"昭君茶"系列产品。"昭君白茶"系列产品有"壹品龙井""国色""天香""留香""大爱"等产品；"昭君绿茶"系列产品有"和天下""致和尚品""大汗至爱""和美礼尚""金枝玉叶""白鹤玉叶""毛尖""特级""一级""普绿"等产品；"昭君和茶"系列产品有白茶砖、白茶饼、工艺饼、边销砖、金花砖、金花饼等产品。这些产品用料讲究、制作精良、品质纯正、饮用香甜，高中低档兼有，可满足不同消费人群的需要，在当地、宜昌、武汉、内蒙古等地畅销。产品先后荣获"湖北十大特色名茶"、第二届"国饮杯"全国茶叶评比特等奖、"中绿杯"中国名优绿茶评比银奖、"中茶杯"全国名优茶评比优质奖，并成功注册湖北省著名商标。

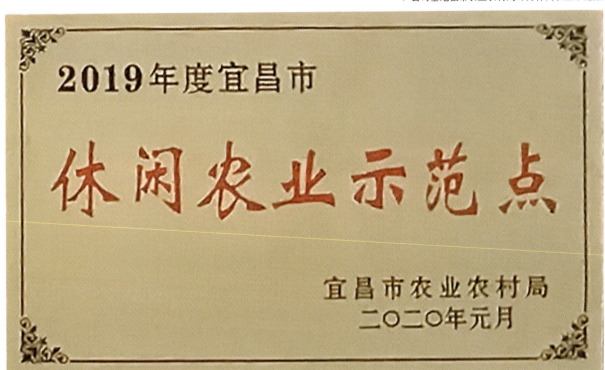

▼ 公司基地被市农业农村局评为休闲农业示范点

▼ "昭君"牌白茶获得第二届"国饮杯"全国茶叶评比特等奖

▼ "昭君"牌白茶获得"中绿杯"中国名优绿茶评比银奖

▲ 2013年,"昭君白茶"获得第十届"中茶杯"全国名优茶评比优质奖

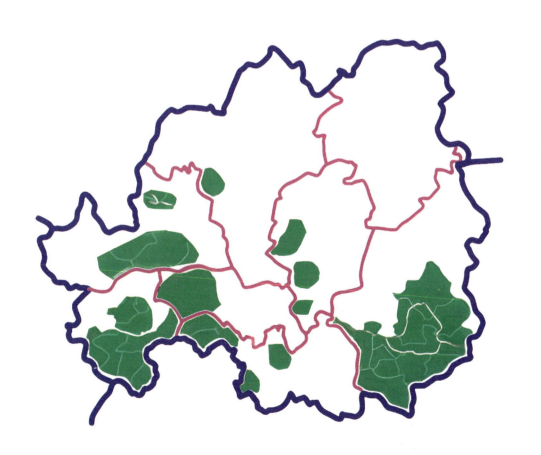

▲ 兴山县茶叶产业现状示意图

湖北昭君绿色食品开发有限公司

　　湖北昭君绿色食品开发有限公司于 2008 年 3 月注册成立,位于湖北省兴山县古夫镇高阳大道 40 号,注册资本 250 万元,总资产 3800 万元,拥有有机茶基地约 0.7 km^2,柑橘基地约 0.3 km^2,现有员工 38 人,是一家集农副产品种植、养殖、加工、购销为一体的市级产业化龙头企业。公司设有茶叶专用冷库和产品展示厅,在宜昌、武汉等地设有多个直销网点,在全国范围设有间接销售网点 20 多处;公司下设兴山县明妃果茶专业合作社和兴山县界岭富农综合养殖专业合作社,其中兴山县明妃果茶专业合作社是省级示范合作社。

　　公司依靠当地丰富的农业资源和旅游资源,全力打造以茶叶、柑橘、核桃、土蜂蜜、牲畜养殖等为主的农副产品种植、加工、购销、储藏及其他技术系列化的配套服务,采取"公司 + 合作社 + 基地 + 农户"的发展模式。

  公司充分发扬"品质、品牌、品味"的经营理念和"爱岗、敬业、创新、求实"的创业精神,深入推进管理创新,大力实施品牌战略。公司先后在国家市场监督管理总局登记注册"界岭"30类、"界岭及图"30类、"憨儿福"29类和30类、"梦太琦"31类商标,使企业知名度不断提高,生产规模和销售管网不断壮大。公司以高山云雾"界岭"健康名茶为起点,打造以"界岭""界岭及图"商标为主导的"雪芽""芽毛尖""绿茶王""银峰露叶""界岭白茶"等十多个品种的茶叶系列。

  近年来,公司不仅多次被评为兴山县"科技创新示范基地""优秀民营企业"和"十佳创业明星企业",还多次被评为湖北省"重合同守信用企业"和宜昌市"重合同守信用企业"。公司以"界岭及图"注册的茶叶商标于2010年、2015年连续两届被认定为"湖北省著名商标"。公司生产的"界岭"牌绿茶于2012年、2015年连续两届被认定为"湖北名牌产品"。"界岭"牌绿茶获国家有机产品认证、"鄂茶杯"金奖,现已拥有7项外观设计科技专利。

▼ 茶叶系列

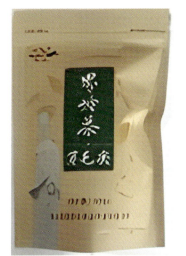

兴山四月青农业开发有限公司

兴山四月青农业开发有限公司成立于2015年4月,注册资金650万元,现经营两处茶叶加工厂,约0.3 km² 茶园示范基地,分别位于高桥乡龙潭村和水月寺镇马粮坪村茶叶核心产区,是一家集茶叶育苗、种植、加工及销售于一体的现代农业企业。

▼ 水月寺镇马粮坪村界岭生态茶园基地

公司于2021年5月被评为宜昌市产业化农业龙头企业;"兴山白茶"被宜昌市农业局授予"宜昌市十大最有影响力农产品区域公用品牌""宜昌三大绿茶创新品牌",并获得国家农产品地理标识认证。

▼ 水月寺镇马粮坪村界岭生态茶园基地

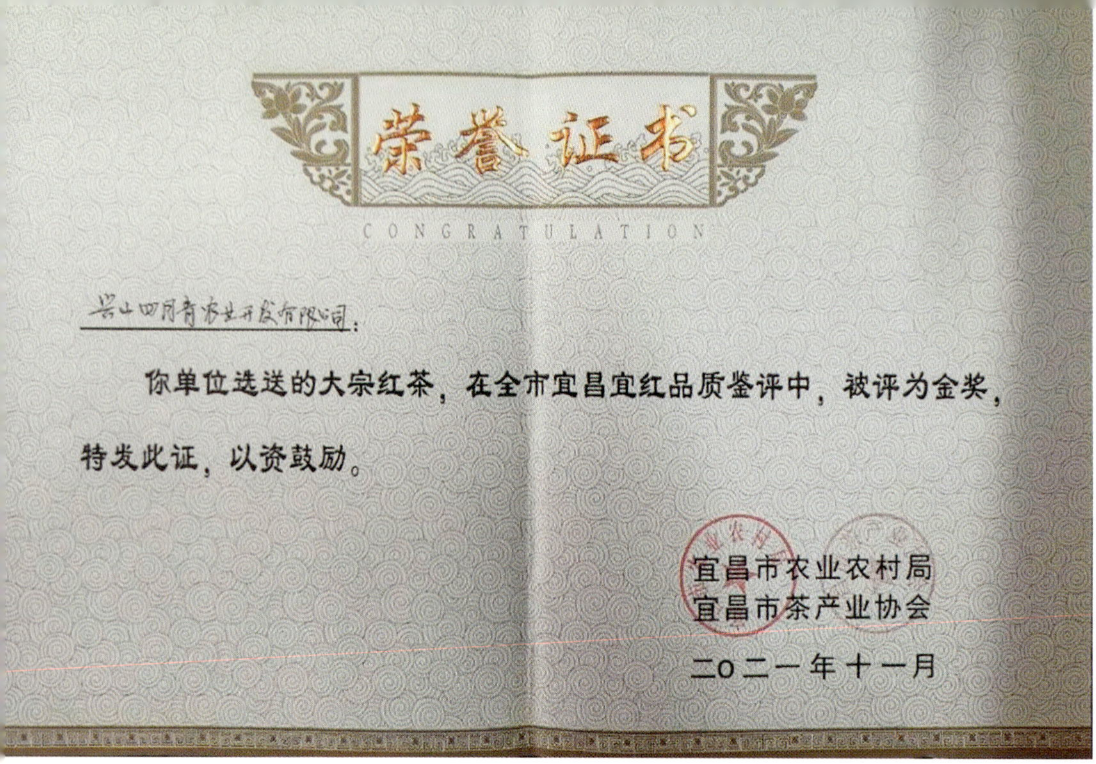

◀ 大宗茶金奖

◀ 「兴山白茶」被市农业局评为「宜昌三大绿茶创新品牌」

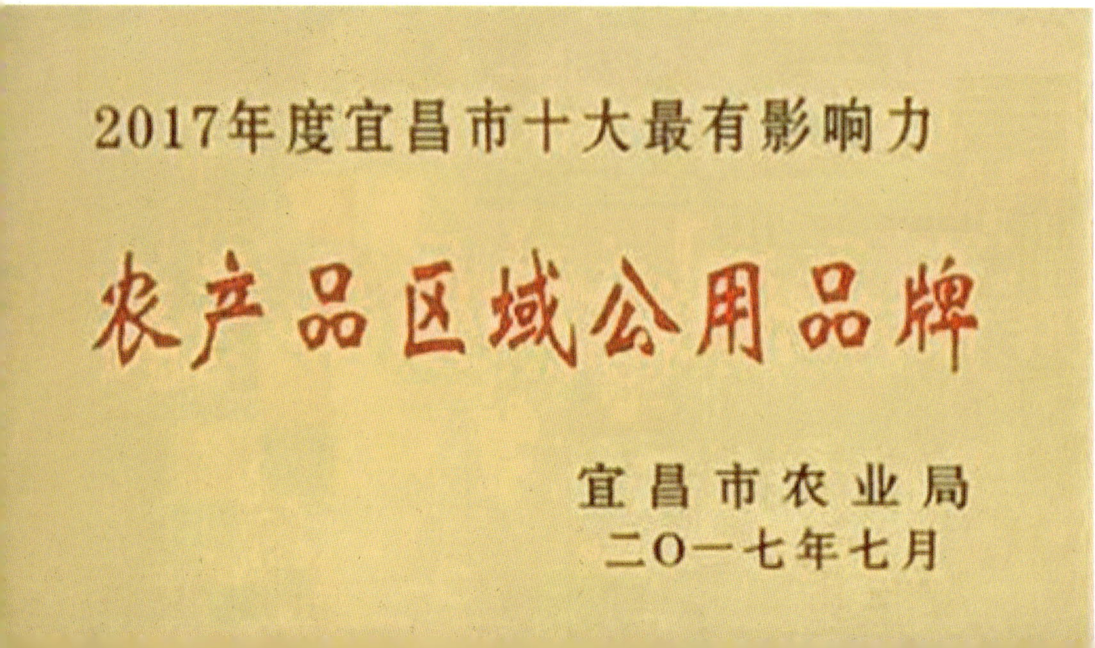

◀ 「兴山白茶」被市农业局评为「2017年度宜昌市十大最有影响力农产品区域公用品牌」

公司依托"兴山白茶"地理标志产品，"宜昌毛尖""宜昌宜红"区域公用品牌，打造兴山精品白茶，发展兴山优质绿茶，开发特色红茶。公司主营兴山白茶、绿茶、红茶等产品。

◀ 清洁化加工厂房

▼ 产品展示柜

公司秉承"生态优先、兴农富民"理念,丰富"公司+合作社+基地+农户"的产业发展模式。公司2021年产值1500万元,利税50万元,预计2022年产值2000万元,利税80万元。

▼ 公司基地被评为"兴山县职业教育中心现代农艺专业实训基地"

公司和多所大学、科研院所合作,以技术开发提品质、创品牌,使产品远销北京、内蒙古、大连、上海、陕西、厦门、武汉等全国30多个大、中城市。"兴山白茶"荣获10余项殊荣。公司将坚持绿色生态发展,引领产业融合,助推乡村振兴。

▼ 公司基地被评为"长江大学教学实习基地"

兴山沃丰生态农业有限公司

兴山沃丰生态农业有限公司成立于2014年8月,注册资本1200万元,主要提供茶叶种植、加工、销售以及休闲体验农业和社会养老服务。公司注册有"伯牙""仙溪湾""御伯芽""玉伯芽""玉白芽"等44个商标,现有员工16人、农艺师2人,常年聘用基地劳务工60人,高峰季节日用工达110人。公司2021年总资产2803万元,固定资产1220万元,销售收入1612万元。仙溪湾生态农业园自2016年开工建设以来,完成投资6500万元,建成了自营特色茶基地约0.9 km²、水果基地约0.3 km²,果茶苗木繁育基地(品种园)约13 333 km²,园区道路交通、户容院貌美化、园区休闲设施、园景生态配套等日趋完备,生态农业园初具规模,农旅业态初步形成,茶叶基地投产面积达到0.6 km²,小水果开始挂果。

▼ 加工生产线

联系人：陈玲
单位：兴山县特产办公室
联系电话：15927827203

园区种植的特色茶品种丰富，建有湖北省最大的黄色系茶叶采穗圃约 0.4 km²，种植有黄色系品种"御金香茶"约 0.5 km²、"黄金甲茶"约 0.1 km²，种植白色系白叶茶（白茶）约 0.2 km²；建有茶叶精加工厂房 2300 m² 和年产 50 吨名优茶加工生产线 1 条，配置茶叶种植所需农机农械共计 312 台套。

▼ 伯牙金香示范基地

茶园生态套植桂花树、银杏树等花果树3万株。园区已成为宜昌市休闲农业示范点，将逐步成为"十里果香、千里茶香"的休闲体验康养农旅胜地。

"伯牙茶、知音韵",诠释"以茶为媒、结识知音、深化情谊、美美与共、和而不同"的"伯牙茶"品牌内涵。"伯牙茶"共开发生产有"伯牙金香""伯牙白茶""伯牙御叶""伯牙绿茶""伯牙韵红"等五个品系20个产品。

　　"伯牙金香"采用"御金香"或者"黄金甲"茶树黄色鲜叶加工,氨基酸含量达9%以上,具有"御金色、高雅香、鲜爽味、冷后浑"的特质;"伯牙白茶"采用白叶茶树鲜叶加工,具备"雅香、明亮、鲜爽"的特性;"伯牙御叶"是采用黄色和白叶茶树鲜叶分别加工包装的组合茶,可同时品饮两种不同特色茶产品;"伯牙绿茶"是采用茶树绿色鲜叶加工的条形、扁形、曲形茶产品,具有"嫩绿、味醇、栗香"的特点;"伯牙韵红"是采用传统发酵工艺加工的红茶产品,具有"橘红汤、花果香、味醇爽"的特性。

▼ 产品图片

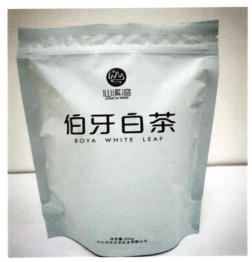

▲ 仙溪湾生态农业园全景

兴山县仙溪湾生态农业园由湖北省扶贫龙头企业、宜昌市农业产业化重点龙头企业兴山沃丰生态农业有限公司投资建设和经营管理。仙溪湾农业园位于兴山县城东南部的黄粮镇水磨溪村和界牌垭村,距离兴山县城及在建高铁站 8 km,10 分钟车程,海拔为 500~950 m,地域面积为 3.3 km²,园区山岚叠翠、云雾缭绕、溪流潺潺,地貌形似"大湾子",故称"仙溪湾"。

农业园围绕"山水园林茶、自然花果香、生态家园美"的总体要求,按照"线片统一布局、高效集约种植、生态园景配套、功能设施完备、休闲体验康养"的建设思路,规划总投资1亿元,打造生态高效茶园约0.9 km²、精品体验果园约0.9 km²、有机精细菜园0.1 km²,配套花卉苗木基地,农产品保鲜储藏、加工包装、交易平台以及休闲体验康养等农旅设施,拓展产业基地功能,推进三产深度融合,发展农旅生态康养,提升园区综合效益,建成宜业、宜居、宜游的田园社区。

▼ 仙溪湾生态农业园

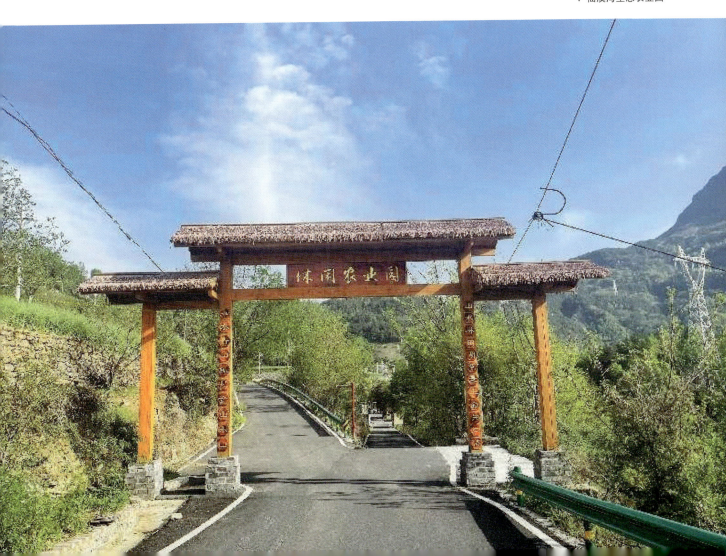

珍/稀/品/茗

三峡高山黄金芽

长江高山
原生态好茶
重庆忠县

产　　地：重庆.忠县
生产企业：忠县恒谷农业发展有限公司
企业地址：忠县石子八斗台景区天潭湖畔
销售电话：15923444888

A-5 忠县

忠县地处长江三峡库心，位于重庆东部，位于东经107°3′~108°14′，北纬30°3′~30°35′；是长江黄金航道的重要港口，长江过境里程88 km，汇合溪流28条；长江自西南向东北横贯全境，沪蓉高速公路从南向北贯穿全境，与长江上游水运交汇；忠县东邻石柱，南接丰都，西连垫江，北靠万州、梁平；忠县是三峡移民的搬迁的重点县；县城上距主城190 km，下距万州80 km。全县辖区面积2187 km²，其中耕地877.7 km²，基本农田约628.9 km²。忠县呈"三山两槽"，系深丘浅丘夹山脉地貌，低山起伏，溪河横纵交错，最高海拔为1680 m，最低海拔为117 m。县内重点发展茶叶产业规划区涉及石宝镇、石子乡、涂井乡、白石镇、三汇镇等4个乡镇。

良好的自然条件：

（1）气候条件。本县属暖湿亚热带东南季风区域，气候温和，四季分明，雨量充沛。年均气温为18.2 ℃，无霜期为341天，年平均日照数为1327.5小时，日照率为29%，太阳总辐射能为83.7千卡/平方厘米，年降雨量为1200 mm，相对湿度为80%。海拔400 m以下的低山河谷地带冬暖、春早，较同纬度的长江中下游地带，年均气温高2 ℃左右，10 ℃以上的积温多600~900 ℃，春季稳定通过10℃的时期较武汉、南京早20多天，最冷月气温较长江中下游高3 ℃左右，具有种植早茶的优势，每年的2月上旬即可开园采摘明前新茶，较同纬度的浙江、安徽、江苏提早约20天，是重庆市名优早茶生产的最适宜茶叶种植区。海拔为500~1000 m的中高山，夏无酷暑，气候凉爽，湿度大、云雾多、日照少，无污染，森林覆盖率在43%以上，是生态、有机绿茶的最适宜生长区域。

（2）土壤条件。本区土壤主要由水稻土、潮土、黄壤土、紫色土构成，重点发展茶产业的规划区域内主要为紫色土和黄壤土，具有较好的团粒结构；透气性好，保水保肥能力强，大部分土壤营养元素含量丰富，无环境污染。

（3）水利条件。本区境内江河纵横，降雨丰富，境内水源清洁无污染，符合生态有机茶叶的生长要求。

忠县茶产业现状：

自《忠县茶产业发展规划》实施以来，为了践行"绿水青山就是金山银山"的重要理念，忠县坚持生态优先、绿色发展，大力发展特色效益农业，把茶叶作为发展山地高效农业的主导产业，以打造高端绿茶类"三峡高山黄金芽""三峡江雾白茶""乌牛早茶"等茶叶区域公用品牌为抓手，壮大基地规模，提升产品质量，拓展销售平台，促进茶旅融合，使茶产业得到快速发展。2021年底，茶树栽培品种以"安吉白茶""黄金芽茶""乌牛早茶"等茶系列优良无性繁育品种为主，全县茶园面积达到 13.3 km，年产

茶叶 100 吨,综合产值达 1.2 亿元。忠县现有茶叶加工企业 9 家,加工厂厂房面积为 200~2000 m², 加工设备以生产线设备为主,按照国家食品药品加工要求实现了清洁化、机械化,部分实现了自动化, 年生产加工能力在 100 吨(干茶)以上。

忠县茶产业坚持绿色生态发展理念,全面推广绿色防控茶树病虫害、有机肥替代化肥等新技术,使 "三峡"牌"三峡高山"成为忠县农业农村委员会全力打造的茶叶区域公用品牌.于 2021 年 5 月成功 注册商标,并着手进行"三峡高山黄金芽""三峡江雾白茶""乌牛早茶"茶叶区域公共品牌的策划。

发展规划：

白茶即宋徽宗《大观茶论》中所指的白茶，迄今已有 900 多年历史，是茶中的珍稀茗品，具有增强免疫力的作用和营养保健价值，实为中国绿茶中的一朵奇葩。

(1) 忠县将利用本地丰富的自然资源，抱团发展茶产业，成立茶产业联合社，集中统一种植和加工技术指导，持续提高茶叶品质。

(2) 推动茶旅融合发展，倾力打造茶叶基地体验观光园，在不破坏园区的生态环境，不影响茶叶生产的前提下对茶叶园区进行旅游开发，培育完整的茶产业体系，将茶产业从单一的种植、加工、销售转变为集品、鉴、评、赏、娱、购为一体的多元化产业。

茶产业是美丽乡村建设和农旅融合发展的首选农业产业。目前全县茶旅融合休闲项目正有序推进，逐步具备接待能力。在"十四五"期间，忠县茶叶将成为忠县农业农村乡村振兴的支柱产业。

忠县恒谷农业发展有限公司

忠县恒谷农业发展有限公司位于长江三峡库心，位于重庆市忠县石子乡八斗台景区，拥有生产厂房 2000 m² 和 4 条生产线。

忠县恒谷农业发展有限公司
联系人：杨军
联系电话：15923444888

▼ 生产作业车间

公司是一家集农旅观光开发、茶苗培育、茶叶种植、生产加工、销售为一体的茶业公司，注册商标有"三峡高山黄金芽""三峡江雾白茶""三峡八斗山茶"。该公司种植"黄金芽"基地的面积为 0.4 km²，基地海拔为 500~900 m，位于方斗山山脉北麓，常年江雾群山环抱，四季温湿泽润，是得天独厚的世外茶源之地（气净、水净、土净），汇聚天地之灵气、茶芽之精华。

▼ 生产作业车间

"黄金芽"是国内唯一的黄色变异茶,属于山茶科山茶属,为绿茶,成株为金黄色;其特点是"四黄",即鲜叶金黄、干茶亮黄、汤色明黄、叶厥纯黄;冲泡杯中,叶朵金黄,芽尖直立,继而徐徐下沉,如金色羽毛漫天飞舞,口感鲜爽,滋味甘甜,佘香封存,是营养价值及观赏价值很高的品种,富含叶黄素,游离氨基酸含量高达7%~9%,是集色、香、味、行与营养为一体的上品好茶。

▼ 实地采茶画面

忠县银升生态农业有限公司

忠县银升生态农业有限公司坐落在忠县石宝镇秦岭村,是一家集基地种植、产品加工、销售、研发为一体的现代农业综合企业。

▼ 茶叶基地图片

秦岭村位于长江北岸山区,是三峡库心腹地,平均海拔为500多米,常年云雾,耕地坡度大、面积广,区位优势非常明显,土壤肥沃,非常适合茶叶种植,而且受三峡独特气候影响并没有工业污染。公司自2017年成立以来,在管理上不断改进,在生产技术上不断创新,严格把握质量,引进现代化的茶叶加工车间,逐步把公司做大。

联系人:秦建,18423390451
邓良华,13896262001

▼ 茶叶基地的厂房及加工车间

▼ 茶叶基地的厂房及加工车间

▼ 茶叶图片

▼ 茶叶加工车间

公司拥有约 0.5 km² 茶叶基地，年产茶 3000 kg。茶叶目前以白茶、"黄金芽茶"和"乌牛早茶"为主，全部都是以基地的茶芽、茶叶为原料精工制作而成的，经历次检验各项理化指标均符合有机标准。公司注册有"库芽"茶叶商标。

▼ 茶叶包装盒

A-6　渝北

重庆市渝川茶业有限公司

　　重庆市渝川茶业有限公司创立于 1999 年,是集种茶、制茶、销售茶叶茶具、传播茶文化于一体的综合茶企。公司注册了"紫芸"商标,具备出口食品生产企业备案资质。

▼ 加工厂区一角

坚守茶业,传承技艺,2021年,重庆市渝川茶业有限公司的"紫芸"茶叶成为"重庆老字号"。

◀ 出口食品生产企业备案证明

央视上榜品牌"紫芸"牌"秀芽""玉竹""花毛峰""渝川红""飘雪"等系列茶产品畅销全国。公司目前在各地拥有"紫芸茗茶"直营店300余家，有专业的新产品研发团队和完善的营销网络，入驻了京东商城、微商城、拼多多、抖音等电商平台。

▼ 荣誉证书

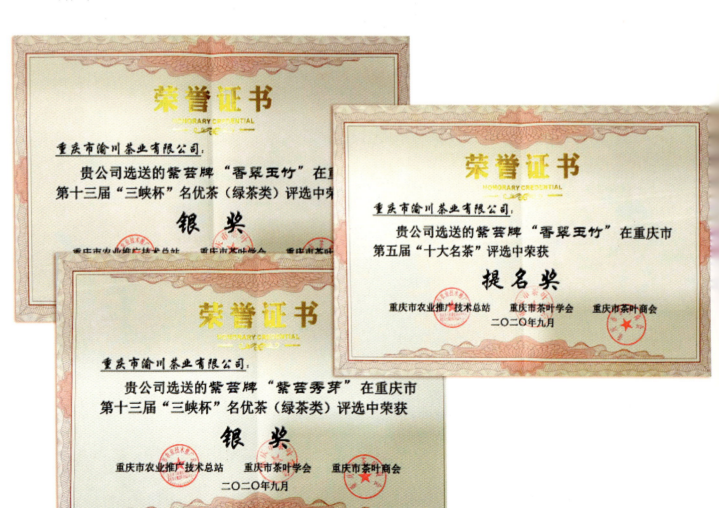

公司坚持"宏观调控，合理布局，以点带面"的发展理念，与自营店及知名大型购物超市（广场）合作强势出击，以永辉超市、名豪超市、喜多多、盒马鲜生等大型连锁超市一线为几股主导市场发展的战略战术，力求把"紫芸"品牌做大做强，让"紫芸茗茶"进入千家万户。

▼ 永辉超市内门店实拍图

重庆市渝川茶业有限公司现有茶园基地约 0.7 km²,坐落在永川区陈食镇云雾山,海拔为 500~800 m,因山川灵气滋润,茶叶叶张肥厚柔软,内含物质丰富。

▼ 茶园风貌

公司发展茶旅融合产业,通过举办采茶节、春茶品鉴会、手工制茶体验、茶叶茶器鉴赏等活动,提供了更深层次的茶文化传播空间。

▼ 茶园风貌

◀ 开展春茶品鉴会

◀ 举办采茶节

◀ 体验手工制茶

联系人：重庆市渝北区农业农村委经济作物技术推广站李军，18182222398；重庆市渝川茶业有限公司蒋海燕，19122023369

A-7　北碚

重庆西大茶业有限公司

　　重庆西大茶业有限公司（原重庆西农茶叶有限公司）是西南大学资产经营有限公司独资国企，于2011年在原西南农业大学实验茶厂的基础上改制组建；是以西南大学食品科学学院为技术依托，产、学、研一体化发展的高校科技型茶叶企业。
　　注册地址：重庆市北碚区天生路216号（西南大学内）。

▼ 重庆西大茶业有限公司

▲ 茉莉花茶加工

　　重庆西大茶业有限公司从事茶叶精、深加工和茶叶营销业务 30 余年，一直实施品牌发展战略，将茶叶产品的研制、生产、销售与茶文化内涵相融，目前共拥有注册商标 13 件、专利 2 项，主要产品包括花茶、绿茶、红茶、桑茶（代用茶）四大类型，共计 30 多个花色品种。"西农花茶（毛尖）""缙云毛峰""四君子茶"等产品先后在国际国内荣获各种荣誉和奖项 70 余项（次）。

▼ 厂区面貌

2001年,公司在重庆茶业界率先通过ISO 9001质量管理体系认证;2004年至今,公司曾荣获"重庆市著名商标""重庆名牌农产品""重庆茶业综合实力十强企业""全国食品安全示范单位""重庆市守合同重信用企业"等称号,是重庆市农业产业化龙头企业、重庆市海关自营出口备案企业。

▼ "西农毛尖·崇德"

▼ 茶叶分装生产

▼ 茶叶审评

▼ 公司和产品部分荣誉

▼ 重庆市著名商标

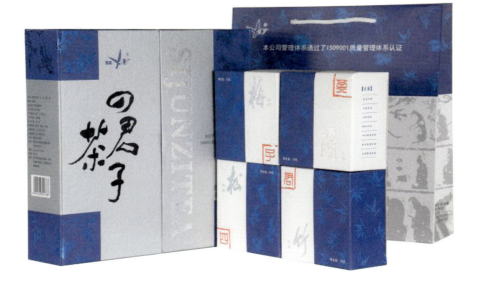

◀ 『四君子茶』（松竹梅兰）

◀ 『缙云毛峰·崇德』

◀ 『高香红茶·崇德』

A-8　巴南

生产历史：

巴南区前身为巴县，具有悠久的产茶历史，属川东南古老茶区的一部分。20世纪60年代初，县境内仍有树龄在百年以上的成片古老茶园。明代《事物绀珠》汇全国茶类99种，重庆有"巴条茶""南丰茶"。"巴条茶"为工夫红茶，采用萎凋、揉捻、发酵、烟熏、烘焙的方法制成。1950年前，"巴条茶"产量占全县茶叶产量的一半以上。20世纪60年代中期，巴县茶业开始大规模发展：1964年引进云南大叶群体种，1965年从福建引进"福鼎大白茶""福安大白茶"等良种。1976年开始生产红碎茶，1979年被纳入四川省红碎茶生产重点基地县，红碎茶作为主要茶叶产品生产至20世纪80年代末。20世纪90年代中期起，巴南区茶叶产业进入围绕"品种、品质、品牌"，发展名优绿茶的新阶段。

生产基地：

巴南区位于重庆市主城区南部，为山岭与丘陵相间排列的平行岭谷地貌，地处中国茶树最适宜生长区。全区有茶园约28.7 km²，分布于条状山脉和向斜低山海拔为500~900 m的区域。主栽品种为"福鼎大白茶""巴渝特早茶"，无性系良种化率为86%，是重庆市早市茶主产区。巴南区主产名优绿茶，已形成绿茶、红茶、沱茶、花茶多系列、多档次，能满足不同消费需求的产品结构。

品种选育：

1972年，巴县茶叶技术人员从实生种"福鼎大白茶"茶园中选出表现特异的10个单株，命名为巴县1~10号，在巴县农业局石岗农场建立品系园，进行田间栽培实验。其中"巴县9号"表现突出，萌芽极早、育芽力强、发芽整齐、产量高、制茶品质好，20世纪80年代中期被引种到四川省雅安市名山区省茶树良种繁育场，更名为"福选9号"，开展试种和示范性推广。2005年"福选9号"通过重庆市农作物品种审定委员会的审查，被认定为省级茶树品种，定名为"巴渝特早"。2014年，"巴渝特早"通过全国茶树品种鉴定委员会审查，成为国家级茶树品种。"巴渝特早"因开采早、制绿茶品质好，成为重庆市早市名优茶生产的主栽茶树品种。

品牌发展：

1980年，重庆市外贸公司、巴县农业局、巴县供销社在巴县石林茶厂成功创制"巴山银芽"。"巴山银芽"是同时期重庆少有的新创名茶，1986年被商业部授予"全国名茶"称号。1995年，重庆二圣茶厂创制的"巴南银针"定型上市，历经20余年发展，已成为重庆市知名茶叶品牌。2008年，重庆市二圣茶业公司高端绿茶产品"定心"上市，以高品质和"定心，人自远"的文化内涵赢得消费者的青睐。

重庆茶业(集团)有限公司

　　重庆茶业(集团)有限公司成立于 2005 年,是农业产业化国家重点龙头企业。子公司重庆市二圣茶业有限公司位于重庆市巴南区二圣镇,是 2020 年度茶业百强企业、国家茶叶加工技术研发专业中心。集团实施"公司 + 基地 + 专业合作社 + 农户"的生产发展模式,实现了优质化、标准化、清洁化、自动化生产。

▼ 标准化栽培生产基地

集团以产品开发、品牌营销、市场开拓为三大抓手,推进产业发展。集团的"定心""巴南银针"成为重庆市两大知名茶叶品牌,品牌价值均逾亿元。

▼ 自动化茶叶生产线

集团产品品类涵盖绿茶、红茶、花茶、沱茶,特种高端茶、中高档优质茶齐备,形成了能满足不同消费者需求的产品体系。集团建立多渠道销售模式,在稳固传统销售渠道的基础上,在主城各大商圈开设品牌旗舰店,同时在京东、天猫建立电商平台。

▼ "定心"品牌价值 2.34 亿元

▼ "巴南银针"品牌价值 1.58 亿元

集团发挥自身资源和区域优势,走茶旅融合的特色农业之路,持续举办8届采茶节,每年吸引数万市民领略美丽茶园风光,体验采茶、制茶、品茶乐趣。集团打造了中国美丽茶园(定心茶园)和茶乡旅游精品线路(定心茶园茶文化休闲游)。

▼ 农业产业化国家重点龙头企业证书

▼ "2020年度茶业百强企业"证书

▼ 茶文化体验园

▼ 陈宗懋院士题词

重庆益丰茶叶有限公司

　　重庆沱茶诞生于 1953 年,由国营重庆茶厂开发生产,1983 年获得新中国成立后茶叶行业第一枚世界金奖——罗马第 22 届世界食品博览会金奖。重庆茶厂停产后,重庆益丰茶叶有限公司传承了"山城"牌重庆沱茶品牌和生产技术。

▼ 重庆沱茶,一座城市的记忆

▲ 沱茶生产车间

2019年,重庆益丰茶叶有限公司、重庆坚特农业发展有限公司合作投资成立重庆山语溢香茶业有限公司,在巴南区二圣镇集体村建立"山城"牌重庆沱茶生产基地。

▲ 沱茶博物馆

重庆益丰茶叶有限公司传承"山城"重庆沱茶品牌,并不断开拓创新,以"山城沱茶"深厚的文化底蕴和独特的品质,打造重庆特产名片。"山城沱茶"在2019年被认定为"重庆老字号","青狮白象沱茶"获得"巴味渝珍"杯重庆市第四届斗茶大赛"五星冠军沱茶"奖。

◀「青狮白象沱茶」

◀「巴味渝珍」杯重庆市第四届斗茶大赛「五星冠军沱茶」奖

◀ 城市记忆系列沱茶

◀ 1983 经典版沱茶

重庆品茗茶业有限公司

重庆品茗茶业有限公司位于重庆市巴南区圣灯山镇石林村,海拔为 700～900 m,拥有在森林环抱中连绵起伏的 1 km² "福鼎大白茶" 茶园,为名优绿茶生产提供了优质原料。

◀ "巴山银芽" 在 1986 年被商业部授予 "全国名茶" 称号

◀ "巴山银芽" 礼盒

重庆品茗茶业有限公司生产"正清和"牌"巴山银芽""巴山毛峰""巴山毛尖"等系列名优绿茶。

▼ 茶园

"巴山银芽"创制于1980年，条索匀整、细紧挺秀、满披白毫，汤色黄绿明亮，香气高长，栗香中带毫香或清香，滋味鲜醇回甘，叶底匀整鲜活。"巴山银芽"在1986年被商业部授予"全国名茶"称号，被录入1991年出版的《中国茶经》，在2013年被评为重庆市名特食品。

▼ 茶园

A-9　江津

江津区地处重庆西南，位于长江中上游，东经 105°49′~106°38′、北纬 28°28′~29°28′，是重庆西南向综合交通枢纽。江津区南部山区属云贵高原大娄山余脉北麓，是茶树产地之一，江津区蔡家镇清溪村木皮槽尚存百年以上古茶树数百株，高数十米，分枝稀疏，树姿直立，适应性广，抗逆力强。1980 年四川省农科院茶叶研究所到木皮槽考察，认为古茶树不是云南大叶茶北移次生，是本地原始茶树。经分析，古茶树茶素含量很高，代谢类型原始，被命名为"江津大茶树"，在飞龙、常乐等山中亦有零星分布。至今，江津区南部地区以"茶"字命名的地名多达十余处。

茶产业发展优势：

（1）气候条件适宜。江津区地处四川盆地南缘山区，属亚热带季风气候，年降雨量为 1200 mm 左右，年平均气温为 17 ℃左右，全年无霜期为 330 天，相对湿度为 80% 以上，具有冬季气温高、春季回暖早、昼夜温差较大、水热资源丰富等特点，适合茶树生长。江津区一般在 2 月上旬开园制作名茶，比同纬度的江浙地区早采 20 天以上，为发展早市名茶和优质绿茶提供了无比优越的气候条件。

（2）土壤条件优越。江津区茶叶基地主要分布在南部山区，该区域成土母质有三叠系的须家河组、白垩系的夹关组，侏罗系的蓬莱镇组等，土层深厚，pH 值为 4.5~6.0，土壤总体处于中硒偏高硒水平，中硒水平以上土壤占 90.21%，具有发展富硒茶得天独厚的土壤条件。

（3）种茶历史悠久。据《江津县志》记载，在清朝乾隆年间，江津就有种茶的记载，至今已有 400 余年历史。清康熙四十八、四十九年，洋景、洪洞、旋水居民相继栽种茶树，雍正年间产茶万斤，乾隆时运销永川、璧山。民国 26 年（1937 年）和 20 世纪 70 年代，江津被四川省列为重点产茶县。在长期的生产实践中，广大茶农已积累了丰富的种茶和制茶经验。

茶产业发展现状：

截至目前，江津区茶园面积达到 31 km^2，其中投产面积为 27.3 km^2。种茶区域涉及嘉平、蔡家、李市、西湖等 12 个镇。其中，具有一定规模的茶叶基地主要分布在"六山两坪"（"六山"指猫山、四面山、骆崃山、石笋山、人高山和燕尾山，"两坪"指放生坪、滚子坪），是江津区核心的茶产业发展区域。目前，江津区建成猫山富硒茶叶产业园 1 个，产业园面积为 13.2 km^2，已成为重庆市农业科技示范、农旅深度融合发展的重要示范窗口。江津区共有茶叶经营主体 46 家（茶叶企业 31 家、专业合作社 11 家，有市级龙头企业 2 家、区级龙头企业 7 家），实现干茶产量 2050 吨，年产值为 2.15 亿元，涉及绿茶、红茶、黑茶、白茶等茶类。

供稿人：重庆市江津区多种经营技术推广中心 刘学
联系电话：18580177189

主要工作措施：

（1）强化基地质量提升，进一步夯实产业发展基础。坚持将茶产业作为"1324"现代农业产业体系中的四大特色产业之一进行打造。全区围绕"六山两坪"茶产业发展核心区域，利用中央和市级农业生产发展、退耕还林、长江生态屏障和低效林改造等项目资金8300万元，改扩建"巴渝特早""中黄1号""奶白茶"龙井等43种良种茶园约2.7 km²。通过推广病虫害绿色防控、有机肥代替化肥、茶园行间生草栽培等技术，减少化肥农药施用量，猫山茶叶基地成为重庆西大茶叶有限公司在重庆市内第一家以高端名优茶生产为主的合作基地；经权威机构检测，猫山、骆岷山、滚子坪等核心产区约2.9 km²茶叶农残指标（515项）达到欧盟出口质量标准。

（2）重视生产加工环节，进一步提升产业经营效益。成立茶叶生产技术指导组，在施肥、修剪、病虫害防治和春茶采摘加工等关键时期开展实地技术指导。围绕"优化结构、提高单产、提升效益"的目标，利用各级财政资金对夏秋茶综合利用、清洁化加工生产线提级改造等环节进行重点支持，不断提高夏秋茶下树率。截至目前，全区茶叶加工主体达18家，具备精制加工能力的主体为10家，即将建成年加工能力达400吨的砖（沱）茶生产线2条，加工茶类由单一绿茶类逐步发展为绿茶、红茶、花茶、砖（沱）茶等多种品类并举。

（3）培育壮大经营主体，进一步增强抱团发展动力。坚持"政府搭台、企业唱戏、市场化运作"的理念，先后培育了旺发茶叶、欧尔农业等2家市级龙头企业，畅途农业、富硒产品开发公司等7家区级龙头企业和都誉1家市级农民合作示范社。全区茶叶经营主体达到46家，获得SC认证的企业为5家，初步形成了大中小型经营主体并举发展的格局。坚持龙头带动发展：欧尔农业先后被评为"重庆市农产品加工业示范企业""重庆农产品加工成长型100户"；旺发茶叶牵头组建的重庆市江津区茶叶产业化联合体被评为市级农业产业化联合体，旺发茶叶被评为"重庆市茶业综合实力十强企业""重庆市农产品加工业示范企业"；区内畅途农业、真云茶厂等10余家经营主体与旺发茶叶建立购销关系，2021年实现销售额达3000万元，龙头带动效应逐步凸显。

(4) 塑造特色品牌形象，进一步提升产品品牌价值。坚持品牌引领，依托"一江津彩"富硒农产品区域公共品牌，全力打造"四面绿针"茶叶品牌，鼓励支持新型农业经营主体发展自有特色茶叶品牌，形成拳头产品，扩大影响力；通过组织引导企业参加斗茶赛、茶叶博览会、富硒产品展示展销活动和拍摄"一江津彩·茶叶""江津硒茗·四面绿针"等专题宣传片，提升全区茶叶的知名度和市场竞争力。目前，全区累计注册茶叶商标35个，其中富硒茶叶商标5个，"江津茶叶"被全国名特优新农产品名录收录，"江津大茶树"成功注册国家地理标志证明商标，"四面绿针"获评"2021中国农产品百强标志性品牌"和"中国富硒好茶"，"巴国"富硒茶获重庆市著名商标。在各类茶叶评比中，"四面绿针"先后获得"重庆市十大名茶（两次）""重庆市十大优秀茶叶产品"、十一届"三峡杯"名优茶金奖、第二届重庆市斗茶赛十大优秀茶叶产品等荣誉称号，"康崃硒牌·猫山鹰舌芽"荣获第三届中国茶叶博览会绿茶类斗茶赛金奖，"猫山红茶"获评重庆市第三届斗茶赛金奖，全区茶叶累计获得各类优质名茶称号30余次，产品不仅占席北京、上海、广州等城市，还受到国外客商的青睐。

(5) 促进茶旅融合发展，进一步拓展产业横向链条。充分依托长寿文化底蕴，将茶叶产业与文化、旅游相结合，打造茶文化旅游胜地。依托猫山万亩富硒生态茶园的优势，联合毗邻嘉平小学，打造"茶艺校园中课堂""茶艺社会大课堂"，传授茶艺，讲授中华茶文化，教育、引导学生发扬茶文

化。采用"樱花+"的模式,以"花道文化,茶道文化"为内涵,以"茶山打底、樱花润色、红叶点缀",将猫山樱博园打造为一个集旅游、观赏、休闲游乐、养生度假、亲子互动为一体的休闲度假旅游目的地。同时,随着旺发茶叶、欧尔农业、迎河巴甄茶叶等茶企游客接待中心的逐步完善和石龙峡茶文化旅游区的逐步建成,猫山区域茶旅融合发展已初见成效。2021年,猫山茶叶旅游路线被评为全市十佳精品茶旅线路。目前,猫山区域年均接待游客2万余人次,茶农平均增收5000元以上,1000余名茶农实现靠茶脱贫、靠茶致富,富硒茶产业成为广大茶农的"绿色银行"。

下一步工作打算:

下一步,全区将继续按照强基地、育品牌、重科技、促融合、提效益的发展方式,持续推进富硒茶产业发展。以猫山富硒茶叶产业园为基础,打造重庆最具特色的富硒茶产业基地和知名的富硒茶品牌,建设万亩生态观光农业园、长寿产业园、返乡农民创业园,让猫山富硒茶产业成为乡村振兴重要产业、绿色生态优势产业和农旅文旅融合发展亮点产业。

重庆畅途农业开发有限公司

重庆畅途农业开发有限公司成立于2012年11月,位于江津区李市镇龙吟村,是一家集富硒茶种植、生产、加工、销售、科研及茶文化传播于一体的农业产业化特色企业。

公司现拥有茶园约 1.3 km²,茶园海拔为 600 m,气候温润宜人,植被葱郁。茶园土壤含硒量为 0.4 mg/kg 以上,属高硒地带,是重庆茶叶主要产区之一,所产绿茶翠绿鲜润、汤清碧绿、滋味回甘。

▼ 富硒茶产业基地

公司通过了SC认证，拥有注册商标"猫山吟翠"，拥有"猫山吟翠"全系列产品自主生产研发权利。公司自成立以来各项管理制度严格，使产品质量与安全卫生得到保障。公司一直遵循"优质、高效、诚信"的经营宗旨，始终坚持尽善尽美的原则。"猫山吟翠"品牌系列产品获得业内良好口碑，"猫山吟翠茂芽"在2015年获得第四届中国（四川）国际茶业博览会金奖。

▼ 富硒茶加工厂区

▲ "猫山吟翠牌猫山红"产品展示

2019年,公司的"猫山吟翠"系列8款产品全部通过绿色食品认证。2020年,公司的"猫山吟翠牌猫山红"荣获"巴味渝珍"杯重庆市第三届斗茶大赛金奖红茶。公司与重庆西大茶业有限公司合作,建立了西大茶业有限公司江津猫山生产基地。2021年,"猫山吟翠"系列产品通过富硒认证;2022年,"猫山吟翠"系列产品通过有机食品认证。

"从茶园到茶杯,全程质量跟踪,高标准严管理,人人关注质量"是公司一贯坚持的生产和管理要求,确保了产品的品质优良、稳定与安全。

◀ "猫山吟翠牌猫山红"产品荣获"巴味渝珍"杯重庆市第三届斗茶大赛金奖红茶

重庆市金顶叶茶业有限责任公司

重庆市金顶叶茶业有限责任公司成立于2011年,位于重庆市江津区蔡家镇茅湾村。基地海拔为600余米,现有小叶川茶品种茶园约0.1 km²。

公司主产"金顶禅叶"品牌红茶。该产品采用大西南深山古寺的古法制茶方式,选用高山无污染的传统有性系茶树鲜叶为原料,经传统手工精制而成。"金顶禅叶"天然纯净、古韵悠然。

◀ 基地环境

◀ 春茶采摘

目前，公司年产中高端手工"禅叶茶"4000余斤。蕴含厚重的文化传承的"金顶禅叶"深受文化界人士以及宗教人士的喜爱。禅宗泰斗虚云老和尚的关门弟子绍云长老墨书题铭为"天下第一禅叶"。冲泡后的"禅叶"，茶香幽雅、香型丰富，品茶闻香，如身置空旷山谷，如入古寺，如沐春风，心旷神怡；饮一杯"禅叶"，悟一世佛陀；"禅叶茶"汤色泽多变，宛如人生，透着玄妙。

◀ 干茶外形

▼ 产品包装

重庆市欧尔农业开发有限公司

　　重庆市欧尔农业开发有限公司成立于 2009 年 6 月,位于重庆市江津区嘉平镇,是一家集富硒生态产品研发、生产、加工、销售、餐饮、文化、乡村旅游为一体的市农业产业化龙头企业。

▼ 茶叶基地(封林摄)

公司现有富硒生态茶叶基地约 6.7 km²,拥有 5000 m² 的茶叶生产厂房,建有两条现代化、清洁化的绿茶和红茶生产线,700 m² 的茶史馆、茶文化体验馆和 2500 m² 的乡村旅游接待中心。

▼ 茶叶基地

公司先后开发了"康崃硒""猫山鹰舌芽""瓮红"等富硒茶产品，在重庆、广州、深圳等地开设富硒生态茶叶销售窗口，建设了网络销售平台、手机微信平台和网店。公司先后荣获"长寿研究基地""全国农村科普示范基地""2016年度江津企业发展50强""重庆市农产品加工业示范企业""重庆农产品加工成长型100户"等称号；产品先后荣获"第三届中国茶叶博览会全国斗茶赛绿茶类金奖""第五届中国茶叶博览会斗茶赛金奖""重庆名牌农产品""十大渝茶品牌"等荣誉。

▼ 加工厂区

下一步，公司规划将山清水秀的猫山打造成为富硒生态茶园、富硒生态果园、生态旅游观光园和农民创业致富园，将猫山建设成富硒产业金山、生态旅游宝山、健康长寿福山。

▼ 现代化茶叶生产线（封林摄）

◀ 嘉平镇猫山茶叶（李顺林摄）

◀ 猫山茶叶手工体验

重庆市旺发茶叶有限公司

重庆市旺发茶叶有限公司坐落于美丽的生态硒城、长寿之乡——重庆市江津区,主要从事良种富硒茶苗培育、茶叶采摘、生产、加工、销售及茶园基地建设。

公司前身是创立于1990年的重庆市旺发茶厂。经过近三十年发展,公司现拥有员工200余人、茶叶基地约2.7 km²、知名茶叶产品20余款,已成长为重庆市农业产业化龙头企业。

▼ 茶叶基地

◀ 砖茶加工厂车间

◀ 清洁化车间

公司秉承"推动富硒茶叶发展、增进民生健康福祉"的宗旨，着力提升生产经营水平，得到业内高度认可。2014年，公司被评为"重庆茶业十强企业"；2016年，公司被评为"重庆市农业产业化市级重点龙头企业"；2017年，公司被评为"江津区2016年企业50强"。经过多年精心培育，公司已成功打造了"四面绿针""玉泉芽""春湘夜月"等多个名优茶叶产品。2012年，"四面绿针"和"玉泉芽"获中国西部茶叶博览会金奖；2016年，"四面绿针"荣获"峨眉山"杯第十一届国际名茶金奖；2016年和2020年，"四面绿针"连续荣获重庆市第四届、第五届"十大名茶"称号。

▼ 销售门店

◀ 『四面绿针』获『巴味渝珍』杯重庆市第二届斗茶大赛十大优秀茶叶产品

◀ 『四面绿针』获『峨眉山』杯十一届国际名茶评比金奖

▼ "四面绿针"荣获 2020 年重庆市"十大名茶"

▼ 茶叶产品及包装

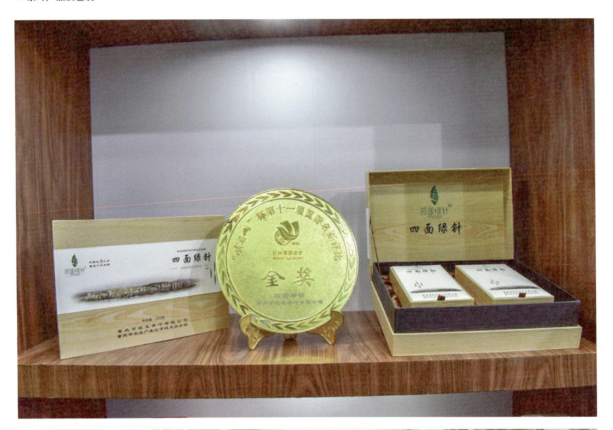

B
对策篇

B-1 强化科技手段
提升种植与加工水平

在种植方面,抓住种苗这个关键,进一步选育适合本地生长条件和市场需求的品种,对土壤、气候等种植环境开展有针对性的调查,为茶叶种植条件提供更加科学的指导。在加工方面,组织开展加工工艺的研究,制定适合本区域特殊环境的加工工艺标准并监督实施,同时加大财政支持力度,有计划、有针对性地引进技术设备,改进、完善产品加工工艺,提升产品品质。

B-2 加快品牌建设
增强市场影响力和美誉度

加大对公共品牌的政府财政投入,以公共品牌建设为抓手,重点在品牌推广和市场销售环节发力,逐步扩大三峡茶业的市场占有率和品牌美誉度。

B-3 加强市场主体建设 组建三峡茶业集团

依托供销社系统,成立三峡茶业集团公司,作为"三峡天丛"等区域公共品牌的实际运营商,与茶业企业、农民专业合作社等联合,打造茶业优质示范生产基地,突出市场运营能力建设,扩大本地区茶业产品国内外市场占有率。

B-4　增强创新能力建设
　　　组建三峡茶业科技联合会（联盟）

以提升创新能力为导向，搭建联合会平台，集聚区域科技资源，发挥联合联盟优势，加大产品研发力度，在进一步提高现有优势产品科技含量的同时，努力突破现有红、绿、白、黑、黄、乌龙等6大茶叶品类的局限，创新发展满足市场需要的新品种。

C
检索篇

表 C-1　区县茶业企业、商协会联系方式

单位名称	联系人	联系电话
重庆市万州区熊家霆森茶叶加工厂	骆世平	15736393639
重庆聚缘川秀茶叶有限公司	何开龙	18680901263
重庆市拾禾农业开发有限公司	赵刚	15310035599
重庆硕伦农业有限公司	张渝	15213541666
重庆君之缘农业开发有限公司	万翔	023-58822123
重庆玖凤旅游开发有限公司	余梦云	189082655555
重庆市渝鸟林业有限公司	向友春	13896319980
重庆市万竹茶业发展有限公司	邓彦海	13996623370
重庆涌湖茶叶有限公司	何小丽	15730648558
重庆市万州区江南茶厂	夏吉安	13638262988
重庆夔春农业开发有限公司	李美香	15320610085
奉节县夔州真茗茶叶种植有限公司		
重庆市奉节县九品茶叶有限公司	肖卫新	13505828520
重庆市奉节县奉丰农业发展有限公司	金诗学	15730669303
重庆市奉节县巴杨杨生态农业发展有限公司	汪贵松	13966792055
重庆市亿柘农业开发有限公司	李中兴	18696811538
奉节县淼懿农业开发有限公司	欧育林	13896271938
重庆市巫山县清露茶叶有限责任公司		

续表

单位名称	联系人	联系电话
重庆市巫山县祯露茶叶种植有限公司		
湖北昭君生态农业有限公司		
湖北昭君绿色食品开发有限公司		
兴山四月青农业开发有限公司		
兴山沃丰生态农业有限公司		
兴山县特产办公室	陈玲	15927827203
忠县恒谷农业发展有限公司	杨军	15923444888
忠县银升生态农业有限公司	秦建	18423390451
重庆市渝北区农业农村委经济作物技术推广站	李军	18182222398
重庆市渝川茶业有限公司	蒋海燕	19122023369
重庆西大茶业有限公司		
重庆茶业（集团）有限公司		
重庆益丰茶叶有限公司		
重庆品茗茶业有限公司		
重庆市江津区多种经营技术推广中心	刘学	18580177189
重庆畅途农业开发有限公司		
重庆市金顶叶茶业有限责任公司		
重庆市欧尔农业开发有限公司		
重庆市旺发茶叶有限公司		

后　　记

《三峡茶业图志》一书的编辑出版是"科技引领三峡茶产业发展对策研究"课题的最终成果。最初，课题组计划对三峡地区26个区县的茶产业发展状况进行一次较为全面的调研和梳理，并将获得的文字材料和图片在本书中进行全面的反映和展示。但受新冠疫情等不利因素的影响，一些区县和茶业企业未能按照要求及时提供合格的资料，致使本书公开出版时，仅将重庆市万州区、奉节县、巫山县、忠县、渝北区、北碚区、巴南区、江津区和湖北省兴山县等9个区县的34家茶业企业作为典型代表选入，与初衷尚有一定差距，也还有不少缺憾之处。

"莫听穿林打叶声，何妨吟啸且徐行。"新冠疫情等不利因素终将远离我们。我们期盼在2023年—2024年再次组织力量，对本书进行重新编辑，努力使《三峡茶业图志》一书纳入重庆"百部方志丛书工程"的同时，成为政府了解当地产业发展水平的权威窗口和茶业企业展示品牌影响力、宣传拓展市场的权威工具。

欢迎与我们保持密切的联系，进一步交流促进三峡地区茶产业高质量发展的做法和经验，共同推动产业的振兴与繁荣。

微信码（请扫一扫）

张嘉强　刘翔　胡琳玲　骆世平
联系电话：张老师　13691002536
　　　　　骆老师　15736393639